Moodle を使って授業する！

なるほど簡単マニュアル

濱岡 美郎 著

KAIBUNDO

はじめに

　Moodle（ムードル）を使い始めて3年ほどになるでしょうか。ネットワークはあるものの高価な商用のソフトウェアは購入できないでいた時に出会ったのがMoodleです。
　コンピュータの教育利用に関しては長らく試行錯誤を重ねていましたので，早速サーバを立て使用を開始しました。十分に使用に耐えるe-learningシステムが無償で利用できるのですからとてもありがたいことでした。
　このようなシステムは様々な機能を持ち，一時に機能を把握するのは難しいものです。テスト実施機能，教材提示機能，コミュニケーション機能，評価のためのえんま帳機能等々1つずつ使い始め，慣れていく必要があります。計画的に準備し利用すれば，しまいにはMoodleだけで成績をすべて処理することも可能になるでしょう。
　しかし，総じてコンピュータ上で物事を行うためには多くの準備がいるもので，それにかかる労力，時間，資産は膨大なものになります。また，商用，無償を問わずこのようなシステムは問題作成に関して使い勝手がよくないことが多く，そのシステムの作成ツールを使っていると時間がかかりすぎ，効率が悪く実用に耐えません。そこで，それらを解決するためにいろいろな工夫を重ねてきました。
　当初，Moodleの参考書はなく，Moodleのヘルプのみを頼りに利用してきましたが，最近は何冊か出版されてきています。しかしそれらはMoodleのシステムを動かすか，また機能の操作が中心となっているようで，今ひとつ物足りなさを感じています。
　本書では，皆さんがMoodleを使うにあたって
　① 運用の指針となる
　② 運用の労力をできるだけ軽減できる
ように使用経験をもとにまとめました。

■ 本書の特徴

　Moodleを使って授業を運営する際に必要とされるノウハウおよび問題解決の視点を具体的に示します。さらに筆者の開発した補助ツールを公開します。

- **e-learningの運用そのものを解説**

　Moodleの機能説明や設定だけではなく，コース作成，授業展開例，評価など，Moodleの機能をいかに生かして授業運営を行うかという，運用そのものに関するヒントを多数取り上げます。

- **容易な問題作成**

　e-learning用の教材は作成に手間と時間がかかり，現状では外注や既製品に頼ることが多いよう

に見受けられます。しかし，教材は学習者に密着したものを教授者自身が作るのが理想と考えます。このジレンマを解決する手法を提供します。

- **多くの教科で応用可能**

  筆者は英語教員なので実例は英語を用いたものですが，手法は広く一般に転用可能です。

■ 本書の視点

あることを行う場合，果たしてコンピュータを使うべきか否かという問題があります。世の中にはコンピュータを用いなくてもよい，用いない方がよいことにコンピュータを使っている例もあります。Moodle の利用についてもやはり同じで，特に「コスト対効果」を考えないわけにはいきません。

筆者の場合は

① 作成に多大な資源（時間，労力，資金）のかかるものには利用しない
② コンピュータで行うことが不合理であるものには利用しない
③ 機能が不十分なものは何らかの方法で補う

という方針で使っています。

したがって本書もその方針が取り入れられており，Moodle の機能のすべてが均等に触れられてはいません。それぞれの機能を評価しつつ，使用できるレベルに達しているものについて重点的に解説しています。また，不十分な点があると考えられるものについては，機能を補う方法を示しています。

■ 本書の構成

初めに e-learning と Moodle を概観します。

「実況中継」は 4 つあり，最初の「e-learning 実況中継」で授業の流れを解説し，「学期開始前準備」，「授業前準備」，「中間・期末テスト評価」の各実況中継があとに続きます。初めにこの 4 つを読み通すと大体の様子がわかります。その実況の内容の詳細は，各実況の後に続く章をご覧ください。

本書は，実際に Moodle に触れ操作をしながら読み進めると理解しやすいと思います。

第 8 章では，英語やその他の教科で Moodle をどのように使えるかを提案します。

最後に，使っているうちに筆者が感じた e-learning の限界と筆者なりの解決法を述べてまとめとします。

※ コンピュータ用語になれていない読者のために，わかりにくいと思われるものには簡単な注をつけましたが，更に詳しい説明は Web を検索すると見つかります。適切なものを参照してください。

目 次

e-learning 実況中継 ... 9

第1章　e-learning と Moodle ... 17
  1.1　e-learning システム ... 17
  1.2　様々な e-learning システム ... 18
  1.3　Moodle とは ... 19
  1.4　Moodle の欠点 ... 20
  1.5　欠点の克服 ... 21

第2章　授業の型と利用法 ... 23
  2.1　授業の分類 ... 23
  2.2　Moodle の様々な機能と設定方法 ... 24
    2.2.1　リソース ... 24
    2.2.2　活動モジュール ... 32

第3章　運営の要件 ... 64
  3.1　学内 LAN ... 64
  3.2　Moodle ... 64
  3.3　データサーバ ... 65
  3.4　Excel & Word ... 66
  3.5　その他の教育資源 ... 66
  3.6　その他の機器及びソフトウェア ... 67

第4章　運用を始めるにあたって ... 69
  4.1　ヘルプの見方 ... 69
  4.2　共通のアイコン ... 70
  4.3　作業上の注意 ... 72
  4.4　Moodle 以外のソフトウェア・機器の操作 ... 72

学期開始前準備 実況中継 ... 73

第5章　コース設定の流れ ... 75
- 5.1 アカウントの取得 ... 78
- 5.2 コースの作り方 ... 83
  - 5.2.1 コースカテゴリ ... 84
  - 5.2.2 コースフォーマット ... 84
  - 5.2.3 学生の登録 ... 84
  - 5.2.4 コースページの表紙 ... 88
- 5.3 授業ページの設定 ... 88
- 5.4 コース管理 ... 89
  - 5.4.1 コースの再利用・インポート ... 91
  - 5.4.2 Wordによる保存 ... 92

授業前準備 実況中継 ... 93

第6章　授業ページ設定の流れ ... 100
- 6.1 教材のデジタル化 ... 100
- 6.2 問題作成 ... 104
  - 6.2.1 問題の種類と整理 ... 104
  - 6.2.2 問題作成の三段階 ... 104
  - 6.2.3 問題エディタを使って問題を作る ... 106
  - 6.2.4 GIFT形式で問題を作る ... 108
  - 6.2.5 Excel，Wordなどを使って作る ... 112
  - 6.2.6 問題原稿を作るテキストエディタ ... 119
  - 6.2.7 Excel，Wordのファイルリスト ... 120
- 6.3 問題の設定 ... 120
  - 6.3.1 Question bankに登録する ... 120
  - 6.3.2 授業ページに登録する ... 127
- 6.4 問題管理 ... 131
- 6.5 リソースの作成・設定 ... 134

中間・期末テスト評価 実況中継 ... 136

第 7 章　評価　……… 137

- 7.1　評価の流れ　……… 137
- 7.2　テスト問題設定　……… 138
- 7.3　成績管理，評価に Moodle を使わない場合　……… 138
- 7.4　出席管理　……… 141
- 7.5　成績管理をすべて Moodle で行う場合　……… 144
- 7.6　授業評価　……… 149

第 8 章　授業での使用法　……… 150

- 8.1　コンピュータ利用授業への導入教育　……… 150
- 8.2　Listening　……… 151
- 8.3　Writing　……… 151
- 8.4　Speaking　……… 151
- 8.5　その他の教科　……… 152

付録　小テストが終わっても採点結果がでない場合の対処法　……… 155

終わりに　……… 156

索引　……… 157

e-learning 実況中継

　e-learning のみで学習のすべてをまかなうことには無理があると，先達は教えてくれています。やはり授業の支援システムとして生かすことが有効な利用法だと考えます。その考え方に従って授業で e-learning システムを利用する様子を実況します。

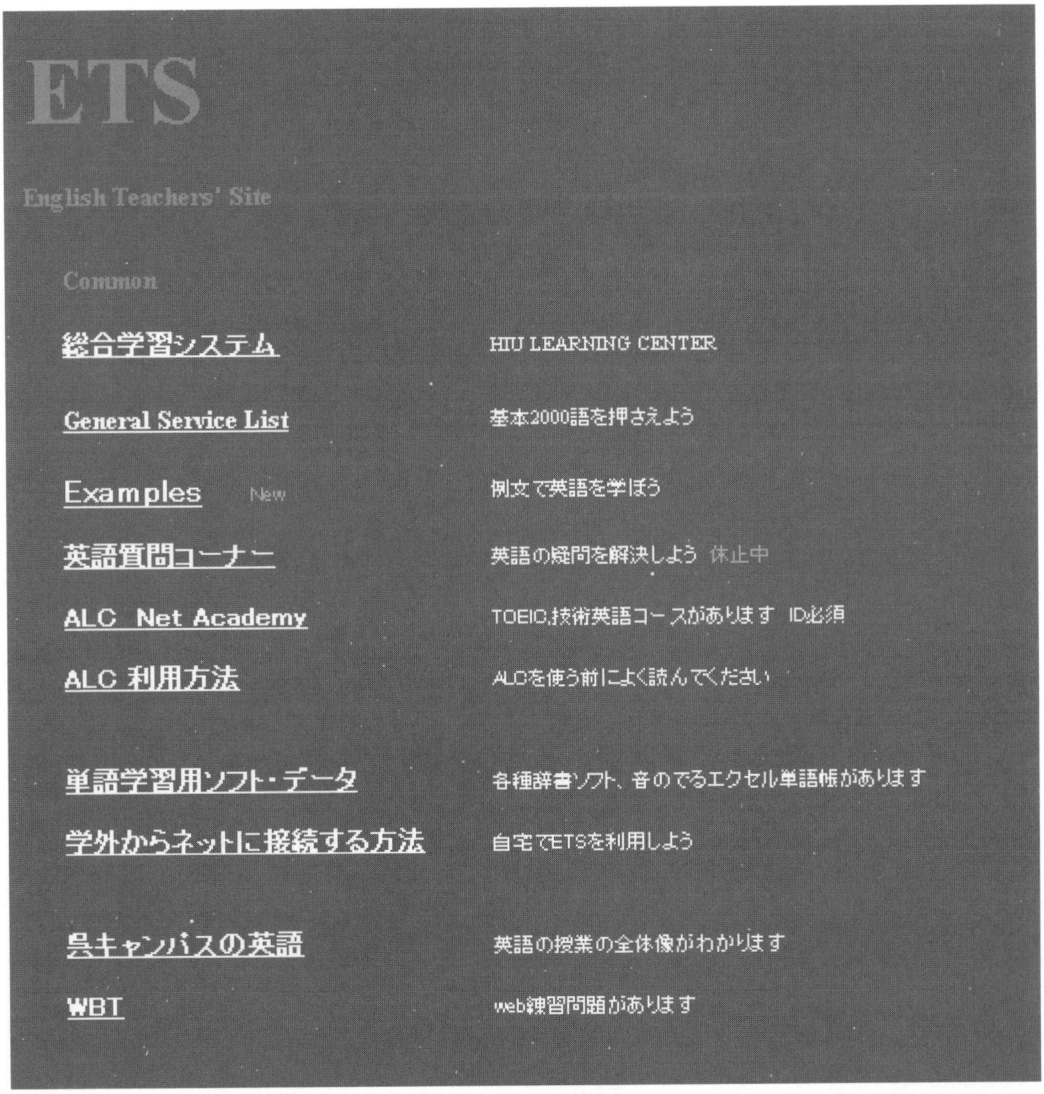

図1　ポータル

私の授業

　前ページの図1のような英語のポータルサイトを作っています。「総合学習システム」がMoodle（ムードル）の入り口です。クリックするとMoodleのコースカテゴリが表示された画面（図2）が表示されます。自分が参加しているコースをクリックするか右上のログインへのリンクをクリックするとログイン画面（図3）になります。

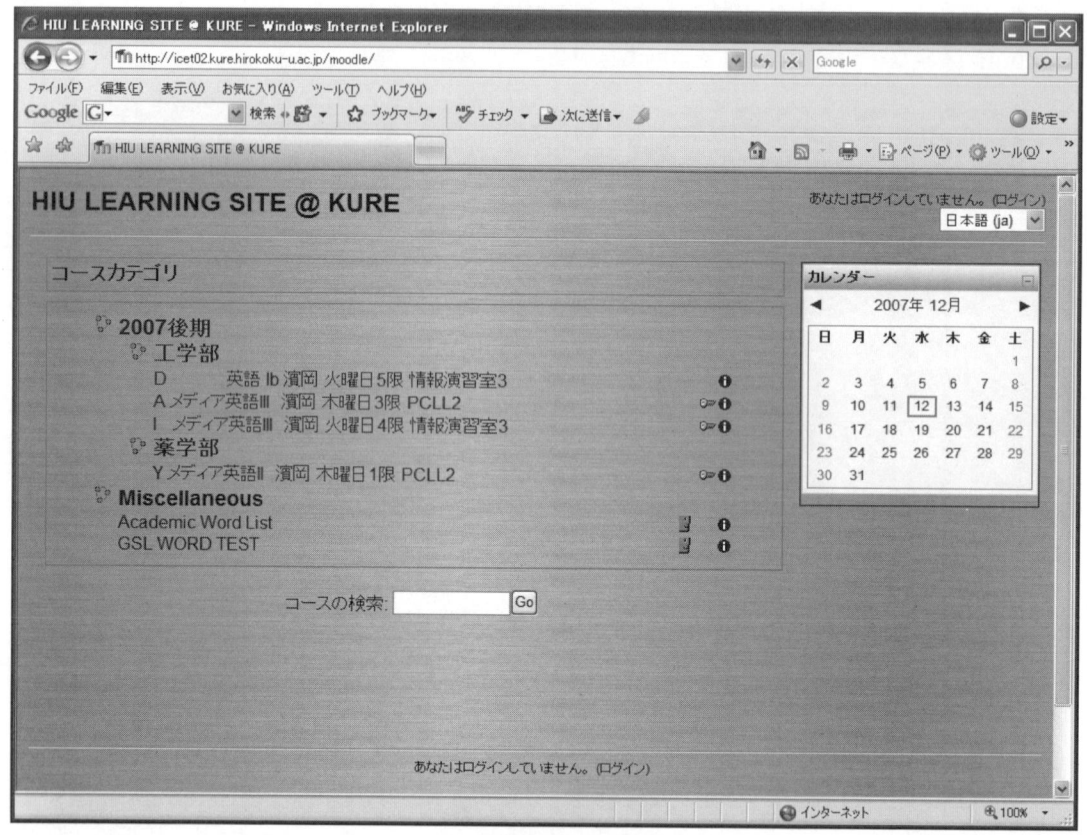

図2　Moodle 入り口

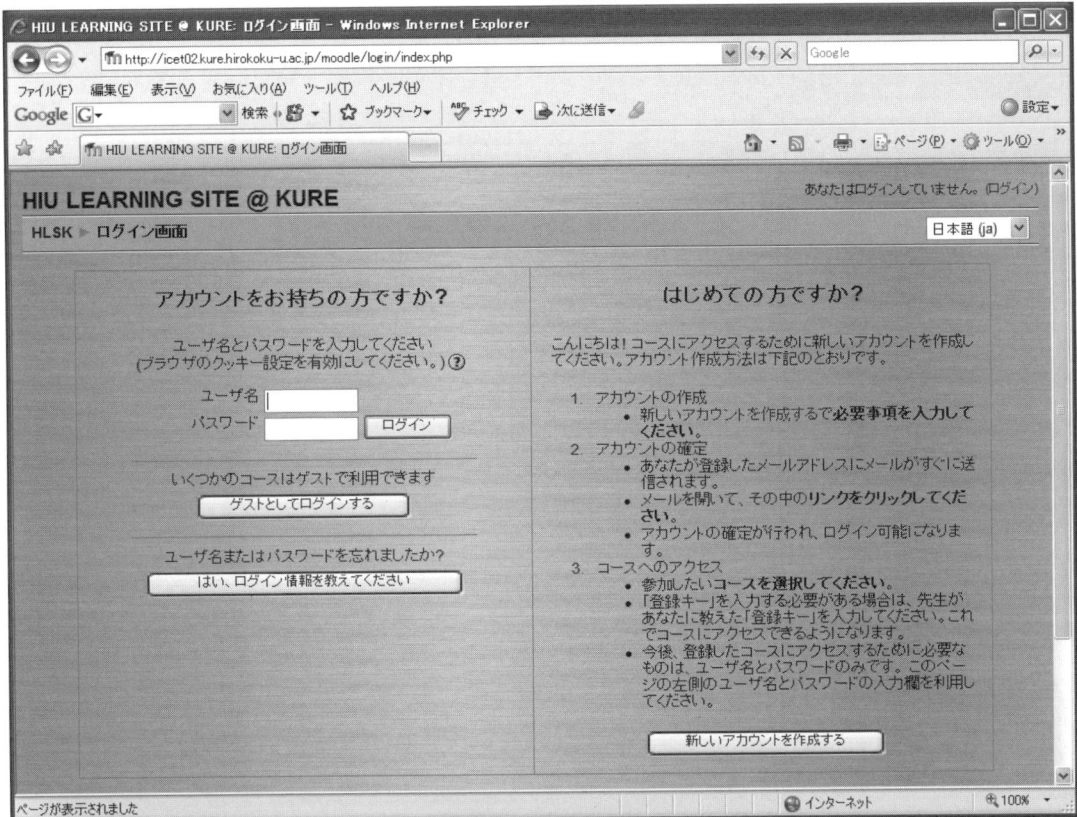

図3　ログイン画面

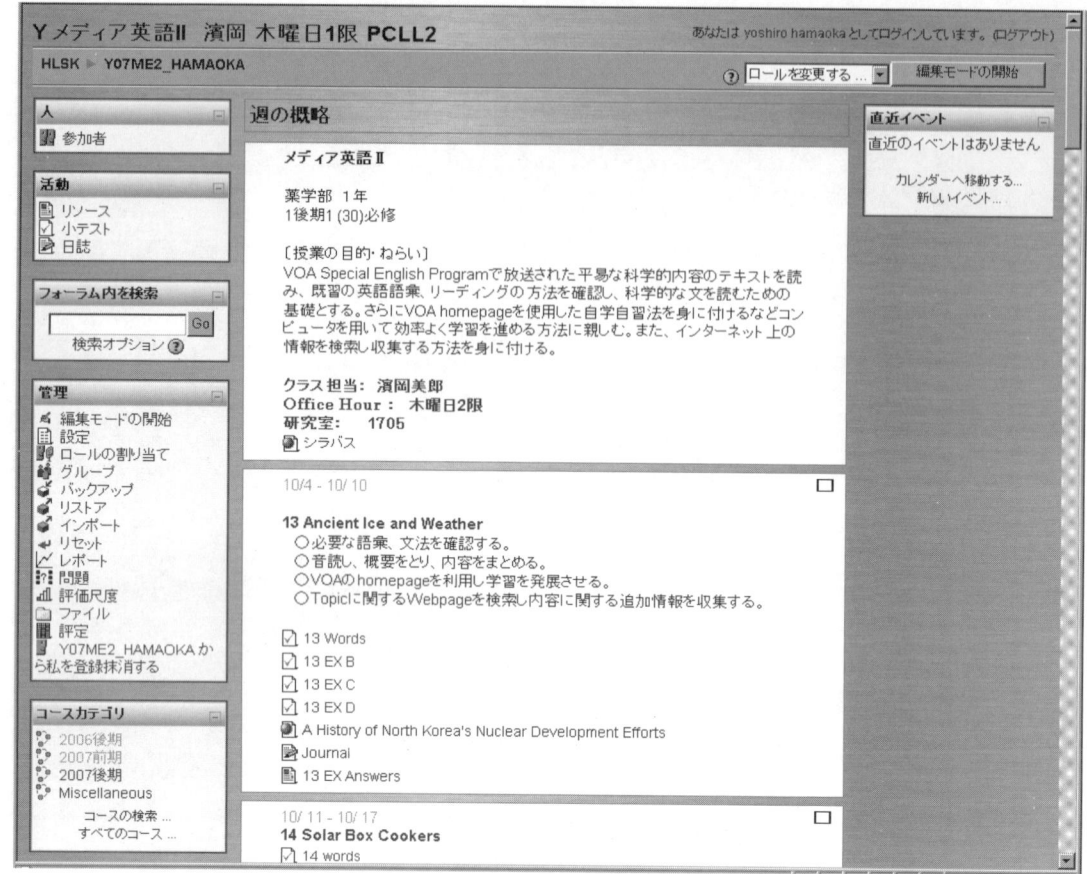

図4　コース表示画面

　ログインすると自分の受けているコースの一覧が出ます。コースを選ぶと学習内容が週ごとに示されたコースの画面（図4）になります。ここにコースの目的，学習計画，概要，また，連絡事項，指示などを示してあります。コース全体の内容や予定を示すことができますので，学生はこれらを知ることで学習への心構えができますし，連絡漏れなどもありません。各回の表示部分にも連絡や指示を書くことができます。

　ここから授業の始まりです。リーディングの授業を例にとります。学生は教科書で予習をしてくることを前提に，授業ならびに授業ページは組み立てられています。学生は当日該当部分にある指示に従って授業に臨みます。様々な活動はアイコンをクリックすることで行います。

　図4のUnit13 Ancient Ice and Weatherでは，初めの4つのアイコンが小テスト，次にインターネット上のサイトへのリンク，日誌，最後が資料です。

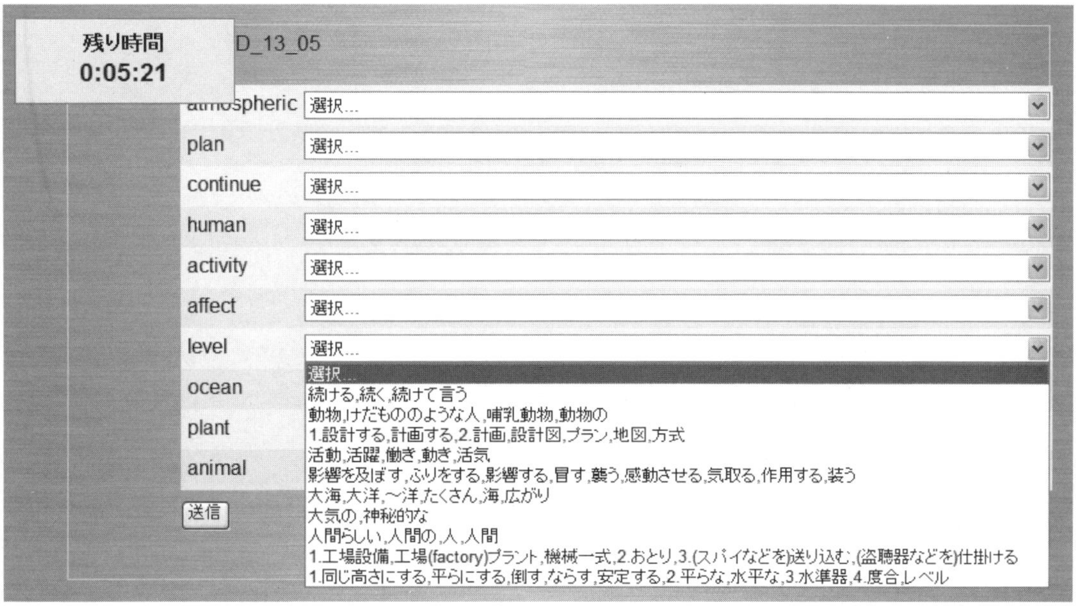

e-learning 実況中継

図5　単語テスト

　学生は授業の2～3分前に教室に到着しコンピュータを立ち上げます。授業開始時刻になると単語テストができるようになるので，予習確認のための単語テストを行います（図5）。

　これにより出席の確認ができます。また，授業に遅れてきた学生も足並みをそろえることができます。15分以上遅れると初めの小テストは受けられないように設定してあり，遅刻が成立します。

　テストが終了した者から順次，教材フォルダ（学内LAN上のサーバにある各教員用のデータフォルダで，学生がアクセスすることができる）から単語リストや音声ファイルを引き出して確認したり，ネット上の辞書などの用意をします。

　単語テストを終了すると，クラス全体で音声を聞き，その後，内容を確認していきます。私の場合はスラッシュリーディング[注1]の方法をとっています。

　授業には英語のポータルサイトからアクセスできる様々な資源を使います。General Service List[注2]（図1）にある単語に音声と意味をつけた学習ページや，単語を打ち込むと例文を表示するシステムもあります。Examples（図1）というのがその例文検索システムで，授業中に用法を学ばせたいときに引かせます。3万ほどの例文を収録しています。

（注1）　英文に意味の区切りごとに /（スラッシュ）を入れ，前から意味をとって読んでいく方法。
（注2）　**General Service List**（West. 1953）：学習者向けの出現頻度順の英単語リストである。2000語を含む。

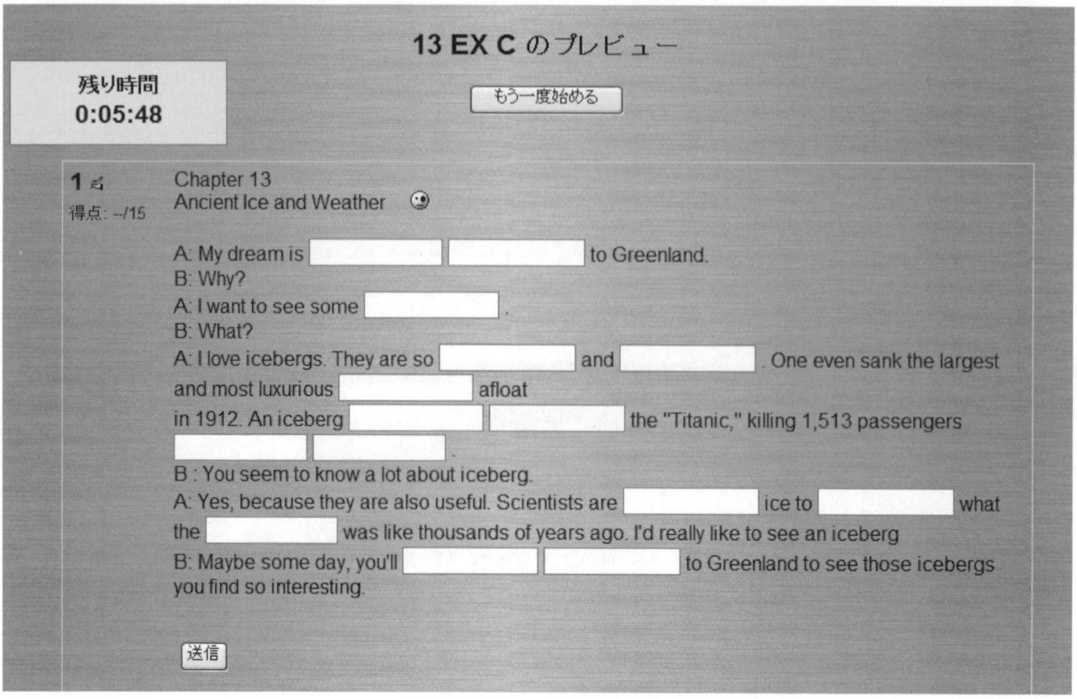

13 EX C のプレビュー

残り時間
0:05:48

もう一度始める

1 ✎
得点: --/15

Chapter 13
Ancient Ice and Weather ☺

A: My dream is _____ _____ to Greenland.
B: Why?
A: I want to see some _____.
B: What?
A: I love icebergs. They are so _____ and _____. One even sank the largest and most luxurious _____ afloat in 1912. An iceberg _____ the "Titanic," killing 1,513 passengers _____.
B: You seem to know a lot about iceberg.
A: Yes, because they are also useful. Scientists are _____ ice to _____ what the _____ was like thousands of years ago. I'd really like to see an iceberg.
B: Maybe some day, you'll _____ _____ to Greenland to see those icebergs you find so interesting.

送信

図6　テキスト練習問題

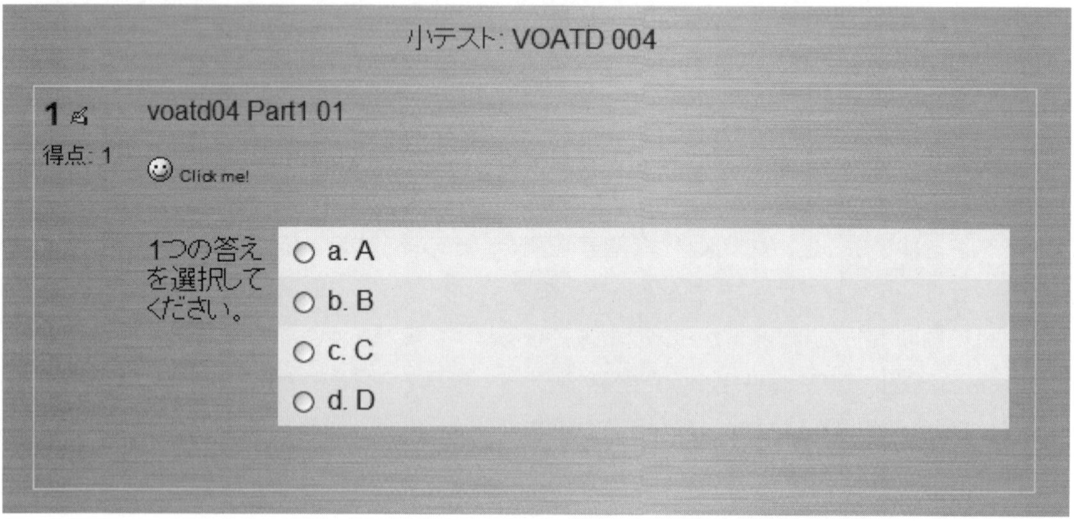

小テスト: VOATD 004

1 ✎　voatd04 Part1 01
得点: 1

☺ Click me!

1つの答え
を選択して
ください。
- ○ a. A
- ○ b. B
- ○ c. C
- ○ d. D

図7　四択問題

　テキスト本文の内容をとり終わると，テキストにある練習問題になります。教科書にある Exercise のページとそっくりに作ってある小テスト（図6）を行っていきます。リスニング問題はスマイルマークをクリックすると音声が流れるので聞き取り，答えを解答欄に打ち込みます。また，ドロップダウ

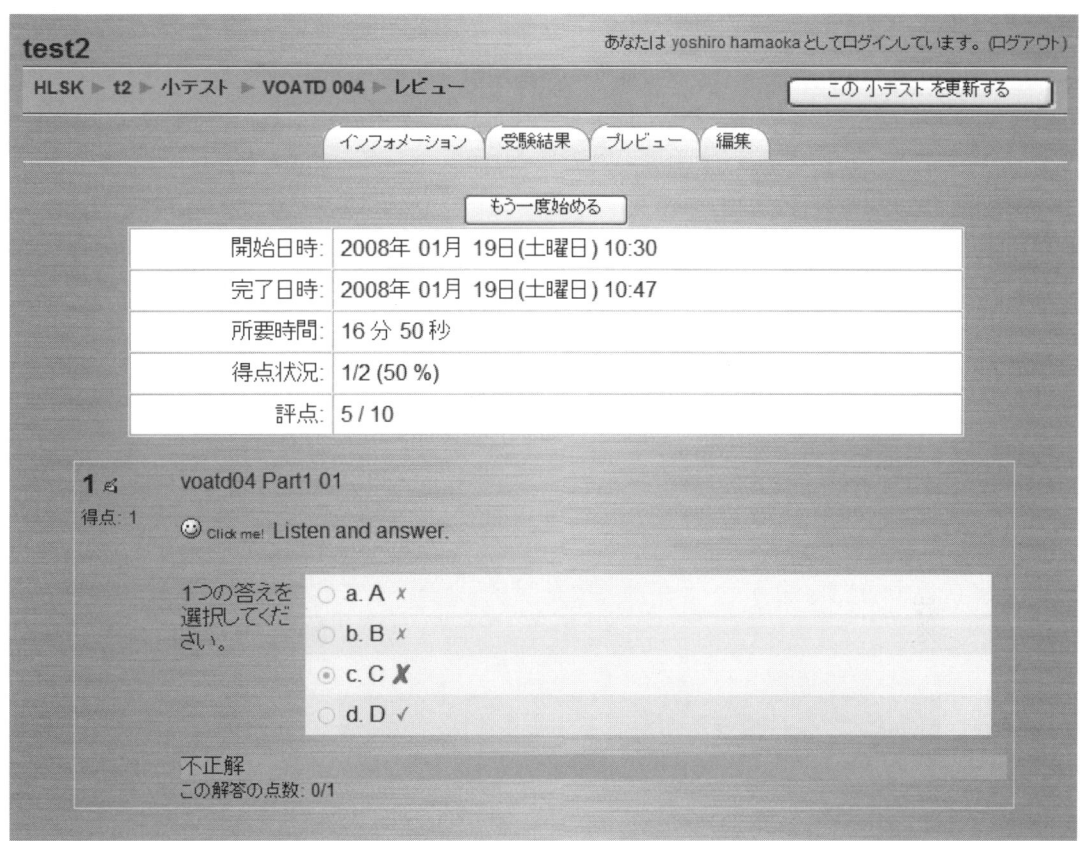

図8 フィードバック

ンメニューの形で答えるものもあります。予習を十分にしてきた学生はその成果を示し，してきていない学生はそれなりの考える時間を与えられることになります。その間，教授者はコンピュータを使って学生の解答状況を見たり，巡回をしてヒントを与えたりします。全員が終わった頃を見計らって，解答状況の芳しくない問題についてはコメントを与えたり，解答を確認したりします。授業ページ一番下にある Exercise の解答（図4）は授業終了後に開示します。さらに，VOA サイト[注]の英文を使って速読し，概要をとる練習も行います。

単語テストは 10 個の選択肢の中から選ぶもの（図5）や，綴りを打ち込ませて解答させるもの（図6），四択（図7）などがあります。

また，時間制限(タイマー)(図6の左上)を付けることができます。採点も実施後直ちに行われます(図8)。正解は緑で示され，正答数や配点に基づく得点も示されます。また，受験回数も指定できるので，最終得点を評点とする設定を行えば，学生はできるだけ良い得点を得ようとするので，テストによるドリル効果も得られます。

（注）**VOA サイト**（http://www.voanews.com/specialenglish/index.cfm）：アメリカ合衆国政府による英語学習者向けのニュースサイト。

紙のテストに比べると採点時間，集計時間などを気にかけず行えますし，通常授業ならば出席を取るためにさく時間を有効に使うことができます。解答用紙の配布，回収の手間もいりません。時間があれば授業終了時にもテストを行い学習の効果を測ることができます。

　授業の途中で，学生に疲れが見え始めたら気分転換にリスニングテストなどをします。紙とテープレコーダを用いたテストではないので，配布，回収の手間もいらず，5分あれば全部が終わります。授業にめりはりがつき，学生はリフレッシュするようです。

　授業の最後に学生は日誌を書きます。授業の内容，意見，反省などを書くことで自分自身の学習を客観化できます。また，教員にとっては授業の反省材料として貴重な資料となります。

　これで一時限の授業が終わりますが，学生の感想を読んでみると，遊ぶ暇がないという者もいます。学習進度によって調整が必要ですが，1時間30分の間，気を抜いている者はいません。

第 1 章　e-learning と Moodle

e-learning システムについて簡単に説明し，Moodle の特性，運用の姿勢について述べます。

1.1　e-learning システム

　e-learning とは，「パソコンやコンピュータネットワークなどを利用して教育を行うこと」というのが一般的な定義です。
　特徴として，教室での学習と比べて
① 　物理的，時間的距離にかかわらず多様な学習形態がとれる
② 　教育にかかる費用が軽減される
③ 　学習状況や理解度の管理ができる
④ 　均一な情報提供ができる，また個人差に合わせた学習が期待できる
⑤ 　自分の能力に合わせ，自分のペースで学習，繰り返し学習が可能である
⑥ 　学習者からの様々なフィードバックが取り入れられ，内容の改善が容易である
⑦ 　コンテンツに視聴覚教材が比較的自由に利用できる
などの特性を持つとされます。形態は CD 利用，インターネット利用，双方向システムの利用などがあります。
　これを実現するために必要なのが e-learning システムと呼ばれるソフトウェアです。また，LMS と呼ばれることもあります。LMS は，Learning Management System，学習管理システムのことです。このソフトウェアは LAN（Local Area Network）などのネットでつながっているサーバ（他のコンピュータにデータやサービスを供給するコンピュータ）上で稼働します。
　基本機能は次のようなものです。
　学生登録・指導員登録・管理（ユーザ登録・削除・権限の付与），テスト作成・管理（採点・履歴の

保存を含む），統計管理・学習履歴管理（学習時間・活動内容などの記録，統計），その他，コンテンツ（教材）登録・管理，ニュース登録・管理，電子掲示板，メール配信（一斉メールなど），レポート提出などです。教師の日常教育業務のほとんどが含まれています。

　コンピュータで行う利点をまとめてみます。

① 機動性：コンピュータを常時使用できる環境であれば，機動性，即時性が期待できます。プリントを配る時間も必要なく，テストの結果もすぐに参照できます。また，携帯電話を連動させることで，連絡や宿題の配布・指示などもすることができます。

② 計画性：コースや授業が開始された時点でコース・授業の概要や進度などを知ることができ，また，必要な連絡などが画面に示され，指導・学習の効率が上がります。

③ 教育資源の蓄積：教材，テストなどが教育資源として再利用可能であり，また，統計分析の結果から有効な教材，テストを取捨選択することができます。

④ 教育資源の一元管理：テキスト，音声，画像など多彩な教育資源をすべてコンピュータ上で管理でき，利用できます。そのため必要な情報を取り出しやすいのです。

　反面，欠点もあります。

① コンピュータにのせるためにデータをデジタル化しなければならないので，初期のコスト（時間，経費，労力）が大きい

② 紙と鉛筆のようには小回りがきかない

③ 教員のコンピュータリテラシーのレベルが追いつかない

などですが，②を除いては克服可能な問題で，利点を考えれば努力をしていくべきことだと考えます。

　どのe-learningシステムを使っても，慣れてしまえば大差はないでしょう。また

① ある程度のデジタル化された教育資源のストックがある

② その教育資源を柔軟に処理し運用する手立てを持っている

③ 資金，予算に余裕がある

ならば，どのプラットフォームから始めてもかまいません。

　ただし，一度システムの中に教育資源を導入すると，他のシステムに移行するにはそれなりの手間，資金，時間がかかります。

1.2　様々なe-learningシステム

　　exCampus　　　http://excampus.nime.ac.jp/
　　Claroline　　　　http://www.claroline.net/

など，無償で利用できるものや

　　Blackboard　　http://www.blackboard.com/asia/jp/

HIPLUS　　　　　http://www.hitachi-densa.co.jp/business/education/elearn/index.html

など商用のものが数多く存在します。

また，それらのプラットフォームを超えて教材を利用するための **SCORM**（Sharable Content Object Reference Model）（http://www.elc.or.jp/kigyou/kigyou_scorm.html）という規格もできています。各システムがどのようなものかは，Web で検索すると出てきますので参考にするとよいでしょう。

1.3　Moodle とは

Moodle は e-learning を実現するための基本となるソフトウェアです。商用のものに勝るとも劣らない e-learning システムです。無償で使用できます（来歴など詳しいことは http://moodle.org/ を参照してください）。

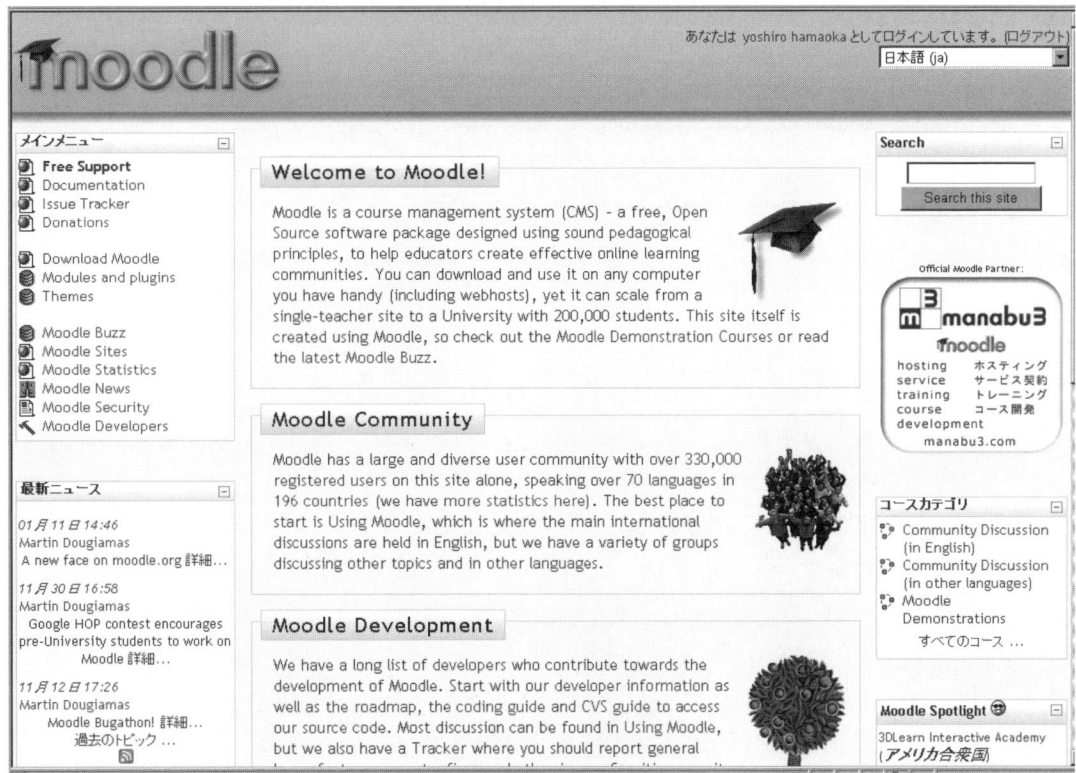

図 1-1　moodle.org

基本機能はどの e-learning システムでも大差ないのですが，Moodle を選ぶ大きな理由は**無償，将来性，支援の存在**の 3 点です。

　一番大きな利点は**無償**であることです。何を始めるにもお金がかかりますが，何らかの実績を示さないと予算は取れないことが多いものです。また，e-learning システムを利用しての教育技術はまだ浸透しているとはいえないので，わからないものには予算は付きません。

　また，**将来改良される**ことが期待されます。無償にもかかわらず開発が進行中で，新しい機能も常に追加されています。プログラムの内容が公開されており，比較的やさしいプログラミング言語で書かれているので改造も可能です。実際に機能を付け加えたり改良したりしている人や機関もあります。

　さらに，無償とはいえボランティアの**支援グループ**があり，活発に不具合の調整や新機能の提案など，また疑問に対する回答などを行っています。日本にも支援グループがあるので，日本語でも支援グループの議論を参照できます。企業のサポートのように手取り足取りではありませんが，ネット内のフォーラムで問題点やその対処法などが話し合われています。基礎知識のない分野を英語だけのサポート体制で乗り切るのは難しいでしょう。

1.4　Moodle の欠点

① **基本的に無償のソフトウェアなのでサポートがありません**。すべて自助努力で運営しなければなりません。とは言っても，お金を出せば Moodle の設定から管理までやってもらえるところはあります。前述のようにボランティアの支援グループもありますが，学校へ来て説明はしてくれません。

② **教材作成は自分でやらなければなりません**。商用のものであれば，既製の教材もあるし，依頼すれば業者が仕事を引き受けてくれます。しかし，Moodle とて資金があれば教材開発を頼むことのできるところもあります。

③ **自助努力で問題を解決するのが基本**なので失敗しても人のせいにできません。

④ **使いにくい点がある**。Moodle に限った問題ではないのですが，コンピュータ初心者が使いやすいレベルでインターフェイスが作られているので，一括データ処理などやりづらいところがあります。慣れた人には使いにくいものです。

1.5 欠点の克服

Moodle 用の教材を作る際の問題点とその解決方法を述べます。

■ 大量処理がしにくい

Moodle に限ったことではないのですが，Web ベースのソフトウェアというのは基本的に 1 つ 1 つ手順を踏んでいかなければ処理が進まないことが多いものです。また，コンピュータ初心者にわかりやすくするために GUI[注1]ベースで処理を進めます。したがって，大量のデータを短時間で処理するのは不得手です。

Moodle には「問題のアップロード」という機能があり，かろうじて大量処理への道を開いていますが，まだ十分といえません。

■ 問題を作るのが面倒

たとえば，図 1-3 のような穴埋め問題（Cloze）を作るには，図 1-2 のように原稿内の解答部分に {SHORTANSWER:= 正解} のようなタグ[注2]をつけるのですが，問題が多い場合は煩わしいものです。Moodle のみでなく，他のシステムも大同小異のようです。これではコンピュータ利用教育が普及するのは難しいでしょう。

Fill in the blanks.

Many {:SHORTANSWER:=people} are concerned about the growing effects of plastics on the environment. Two American scientists now believe they can {:SHORTANSWER:=design} a new kind of plastic to solve this problem.

図 1-2

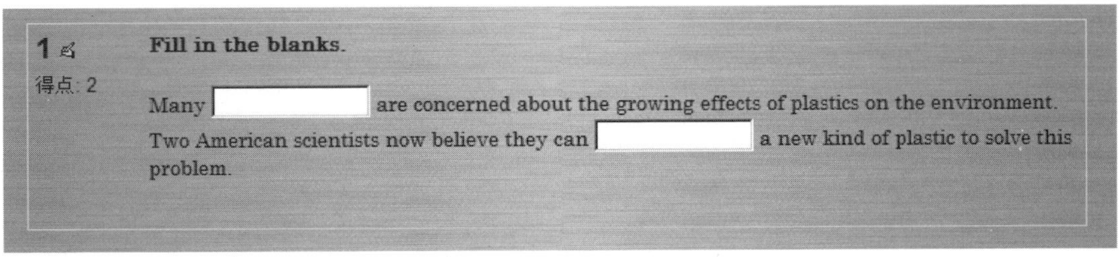

1
得点: 2

Fill in the blanks.

Many [____] are concerned about the growing effects of plastics on the environment. Two American scientists now believe they can [____] a new kind of plastic to solve this problem.

図 1-3　穴埋め問題（Cloze）

(注1) **GUI**（Graphical User Interface）：Windows のように情報をグラフィックを用いて表示し，主にマウスなどでコンピュータを操作できる方式。操作を画面と対話しながら進めることが多い。
(注2) **タグ**：コンピュータが与えられたテキストを処理する際に指示として機能する記号で，テキスト中のタグを読み込むとコンピュータはその指示に従って処理を進める。

■ ソフトウェアは作り込みすぎると使いづらい

そこで，「単語リストを入れただけで単語テストができてしまうものができればよい」とか「問題を完全に自動的に作るものはないのか」と考えがちですが，ソフトウェアはそれを作った人の考えたことしかできないので，他の人が作ったものは使いづらいという問題が生じます。

■ 欠点を補う方法

そこで，筆者はMoodleには多くを求めず，手近のソフトウェアを利用して問題を解決する方法を考えています。Moodleのプログラムを解読して書き換えることもできますが，それでは時間がかかります。特別なプログラミング言語を使わず，どこにでもあるWordとExcelで処理します。

■ なぜWord，Excelか

プログラム可能であれば，どのソフトウェアでも目的を達することはできますが
① だれでもある程度使える
② 一般的である
③ プログラムもできる
④ 目に見える形なので変更が簡単

ということでWordとExcelを用いて問題作成と問題管理を行うことにします。

第 2 章　授業の型と利用法

　授業を組み立てる際に，Moodle のどの機能を利用するかを考える必要があります。その際，自分が行っている授業がどのようなタイプに属するのかを意識するとよいでしょう。

　まず，授業の活動や評価の際に，何が中心になるのかを基にした分類をします。これらを使って Moodle の利用法を考えます。

　また，リソースと活動の設定方法も一通り示します。

2.1　授業の分類

　過去にいろいろな視点から授業の分類が試みられてきましたが，ここでは，学習者をどのようにして学習に向かわせるか，また評価していくかという視点から，**テスト駆動型，レポート駆動型，課題駆動型，世話焼き型**に分類します。すべての授業をどれか一つの型に分類することはできないので，大まかに考えてください。

■ テスト駆動型（Test driven）

　集団型のクラスで，評価はテストを中心とします。もっとも多く見られる授業の形態です。一般の英語の授業はこのタイプです。

■ レポート駆動型（Report driven）

　集団型のクラスであるが，評価はレポートを中心とするものです。

■ 課題駆動型（Task driven）

　ゼミのような少人数クラスで，評価は課題を達成していく様子を観察して行うものです。

■ 世話焼き型（Care driven）

クラス人数は問わないが，多人数では運用不能でしょう。学習者個人の育成を中心とするもので，評価も学習者の現況を示し，他の学習者との比較を伴いません。語学でチューター制などをとった場合はこの部類に入るでしょう。

2.2 Moodle の様々な機能と設定方法

利用可能なリソースと活動は多岐にわたります。コンピュータの持てる機能を Moodle に組み込んだだけで，授業での実際の利用方法が確立していないものもあります。

ここで，私なりに評価した利用法を提案しておきます。同時に基本的な操作も示してありますので，Moodle を動かしながら，自身の授業の型を念頭に，評価・検討してみてください。

2.2.1 リソース（図 2-1）

リソースは学習者に情報を提供するためにコースの学習ページに展開するものです。リソースはどのタイプの授業でも広く利用可能です。ここでは特性と基本的な取り扱いについて触れます。いずれも授業ページで，「リソースの追加」からプルダウンメニューで選択して設定します（図 2-1）。

図 2-1　リソースの追加

■ ラベルの挿入（図 2-2）

各授業ページにはテキストを書き込むスペースがあり，タイトルや授業の流れ，指示などを置くことができます。しかし，この部分はコースのエクスポートやインポートをすると消えてしまいます。この「ラベル」に書き込むと内容は保存され，コースのデータとして利用可能になります。

「本当の活動ではなくテキストやグラフィックの挿入が可能な"ダミー"の活動で」とヘルプにあるので，利用価値が低いように見えますが，授業ページで学習者を導くのに有効です。

| 編集手順 | （授業ページより）リソースの追加 ➡ ラベルの挿入 ➡ ラベル 編集 ➡ 編集作業 ➡ 変更を保存する |

下の編集画面（図 2-2）は，リッチテキストエディタと呼ばれ，テキストボックスの本文中でWord 程度の文字修飾，リンクや画像，アイコン，表の挿入，やり直しなどの操作ができるものです。この編集画面が出現するときは，本文にリンク・画像・表などの表示ができると憶えておくとよいでしょう。

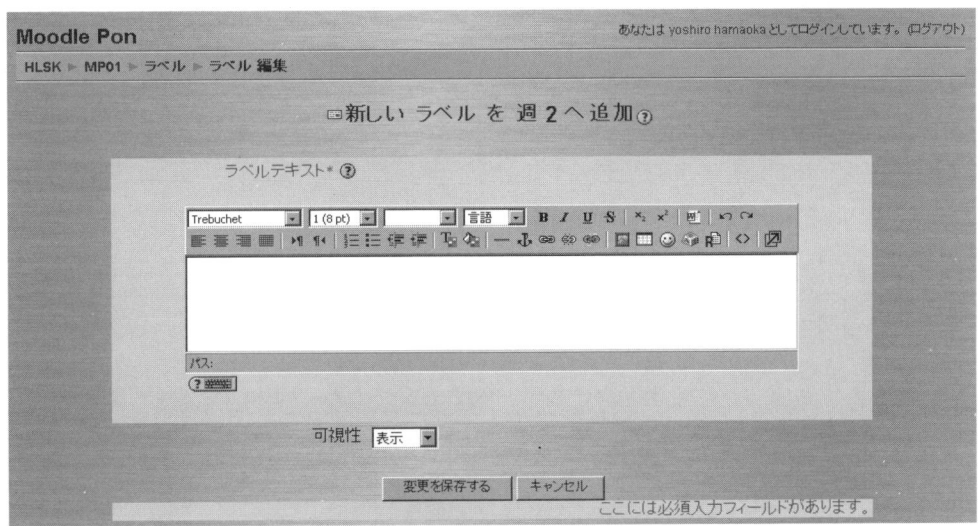

図 2-2　ラベルの挿入

■ テキストページの作成（図 2-3）

もっとも簡単なテキストの提示方法です。名称と要約，どのフォーマットで表示するか，ウィンドウの表示形式，テキスト本文を設定します。本文は打ち込むか，既存のテキストを貼り付けるだけです。要約は必要がなければ記述する必要はありません。

編集手順 （授業ページより）リソースの追加 ➡ テキストページの作成 ➡ 編集作業 ➡ 変更を保存する

　これ以降，各リソースにおける編集内容の名称と要約，ウィンドウの表示形式は共通ですので，特有部分だけを表示・解説します。

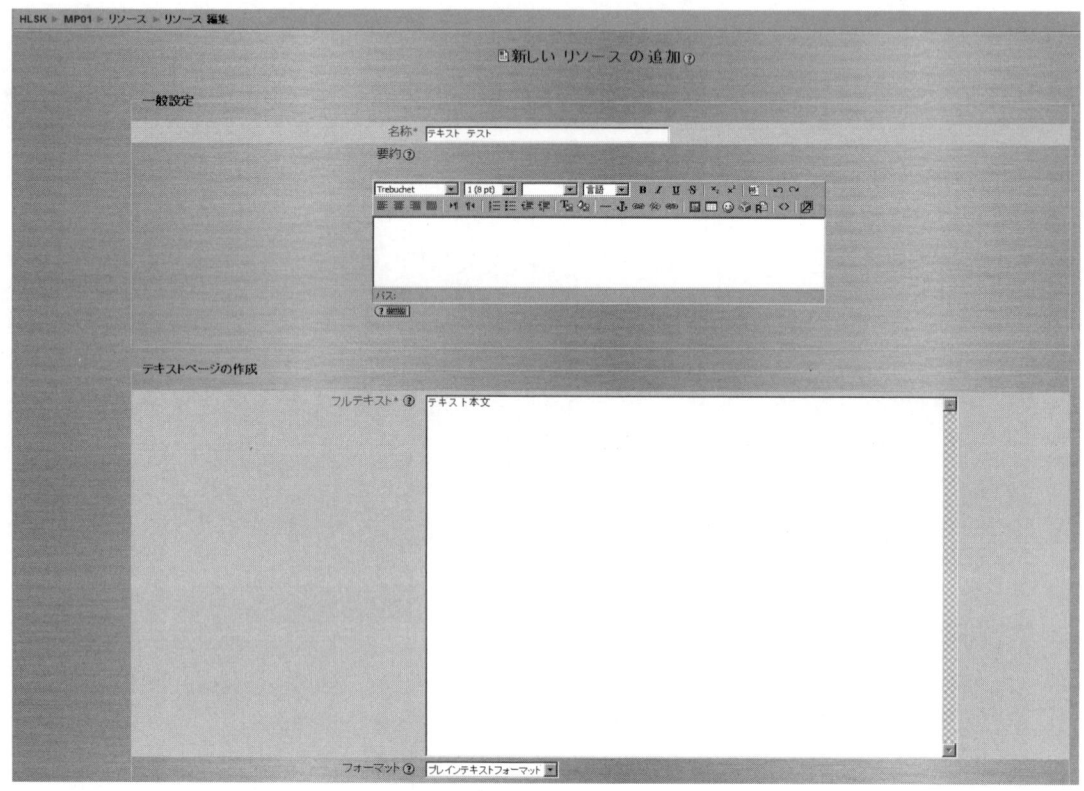

図2-3　テキストページの作成

■「テキストフォーマット」の設定

　入力されたテキストを，Moodle がどのように処理するかを設定するのが「テキストフォーマット」です。通常は図2-4のように**プレインテキストフォーマット**になっています。この場合はテキストがそのまま表示されます。このテキストフォーマットは特に変更する必要はありませんが，必要に応じて他に3つのフォーマットがあります。

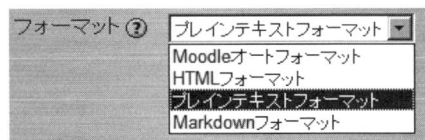

図2-4 テキストフォーマット

- **Moodle オートフォーマット**

  リンクやスマイリーを使いたい場合は、この形式を選ぶとよいでしょう。テキストを保存する場合、文字に自動処理が行われます。URLはリンクに、:-) のようなスマイリーはイメージに変更されます。

- **HTML フォーマット**

  MoodleはテキストをHTMLだと判断します。既存のHTMLで書いたページの原稿を持っている場合は、ここへ貼り付ければ修飾されたWebページとなります。HTMLに慣れていない人は、使う必要はありません。

- **Markdown フォーマット**

  慣れれば、テキストのままで簡単に段落などの形式を整えられるのですが、通常は使う必要はありません。「ウェブページの作成」でWordなどで作成した文をそのまま貼り付けるほうが簡単でしょう。

「表示するウィンドウの選択」（図2-5）は、リソースページを参照しながらメインページの課題を行わせる場合、「新しいウィンドウ」にすると別窓でリソースが開きます。

図2-5 表示するウィンドウの選択

■ Webページの作成 （図2-6）

テキストにWord程度の修飾を付けられます。また、既存のWordの文章をコピーして貼り付ければ、大体の修飾は保持されます。リンクや画像なども貼り込めます。既存のWord文書などを使うときに便利です。

> **編集手順** （授業ページより）リソースの追加 ➡ ウェブページの作成 ➡ 編集作業 ➡ 変更を保存する

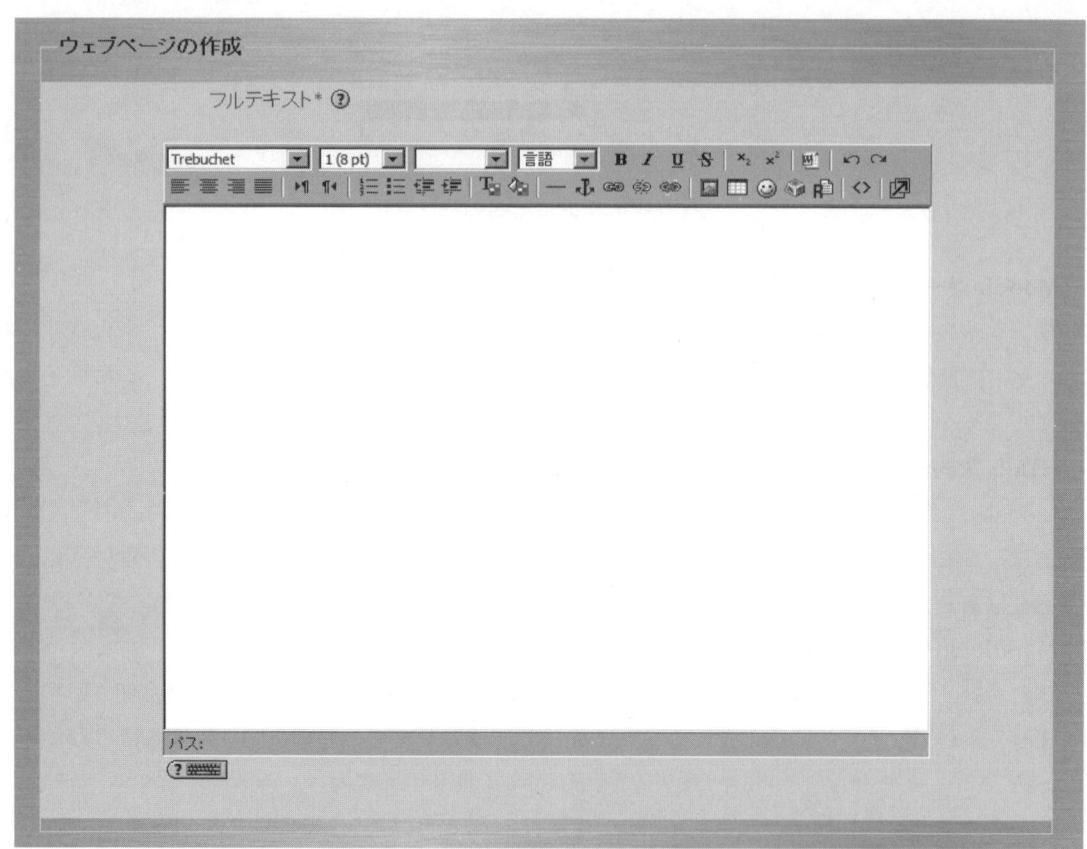

図 2-6　ウェブページの作成

■ **ファイルまたはウェブサイトにリンク**（図 2-7）

　リンクを張る形で利用します。音声，画像，テキスト，Excel ファイルなど何でもリンクを張れるので便利です。外部の Web ページでもリンクを張ることができ，そのまま教材として使えるので重宝します。

　ファイルのリンクで使用する URL の記述は，データサーバの名前が「ets」，学校のサイト ID が「hirokoku-u.ac.jp」，そのサーバの [hamaoka] というフォルダに「test.mp3」という音声ファイルがある場合は，「http://ets.hirokoku-u.ac.jp/hamaoka/test.mp3」と表します。これを編集時に入力すると，test.mp3 というファイルにリンクが張られ，そのリンクをクリックすると，この場合は音声ファイルなので音声が再生されます。

編集手順　（授業ページより）リソースの追加 ➡ ファイルまたはウェブサイトにリンク
　　　　　➡ 編集作業（名称・URL）➡ 変更を保存する

第 2 章 授業の型と利用法

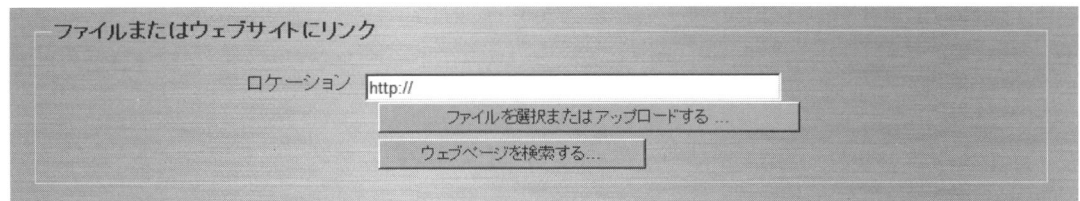

図 2-7 リンクを挿入する

■ ディレクトリの表示（図 2-8）

コースディレクトリは，授業で使うファイルの収納庫と考えるとよいでしょう。LAN が整備してある教育機関であれば，教授者が学習者にファイルを提示するための共有フォルダがネットワーク上に設けてあることが多いのですが，その機能を Moodle で提供するものです。一度に転送する数とファイルサイズの制限がありますが，あまり多量のファイルを扱わなければ便利なものです。多量の場合は，共有フォルダがあればそちらを使ったほうが面倒がありません。

- **ディレクトリの作成**

実際の使用には，まずディレクトリを作ります。

編集手順　コースページトップ ➡ 管理 ➡ ファイル

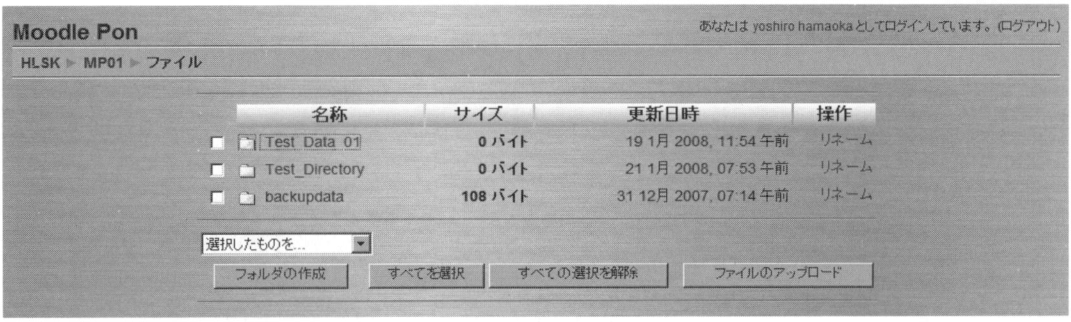

図 2-8 コースに設定してあるファイルディレクトリを見る

編集手順を行うと，そのコースのメインディレクトリへ入ります。各コースには標準でファイル保存用のディレクトリが割り当てられています。その中には「buckupdata」というディレクトリが既定であります。図 2-8 では「Test_Data_01」と「Test_Directory」の 2 つも見えます。新しいディレクトリは**フォルダの作成**に行き，名称を入れて作成をクリックすると作ることができます。

出てきた編集画面でこのとき表示される「/ にフォルダを作成する」の /（スラッシュ）は，メインディレクトリを指します。このコースに割り当てられたディレクトリで，通常「ルートディレク

トリ」と呼びます。ディレクトリは入れ子構造をとり，「/Test_Data_01/Word_Test」とあればルートの中に「Test_Data_01」があり，更にその中に「Word_Test」というディレクトリがあることを示します。

　ディレクトリができても空では仕方がないので，**ファイルのアップロード**をします（図2-9）。

・**ファイルのアップロード**

編集手順　コースページトップ ➡ 管理 ➡ ファイル ➡ ファイルのアップロード ➡ ファイルを選択 ➡ このファイルをアップロードする

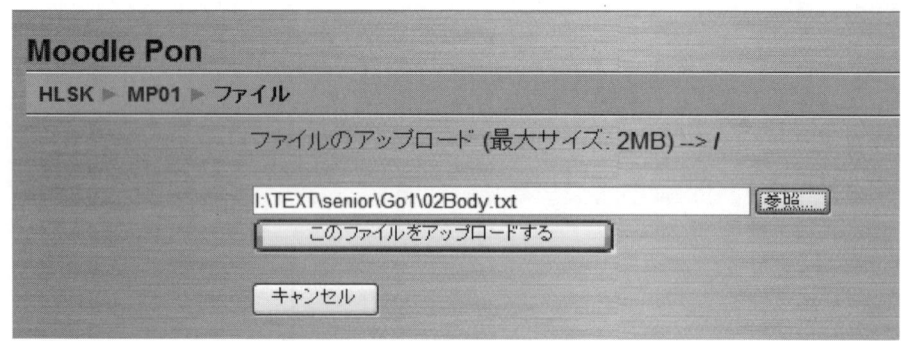

図2-9　ファイルのアップロード

　アップロードされたファイルを適切なフォルダに移動（図2-10）するためには，そのファイルをチェックして選択し，プルダウンメニューから「他のフォルダへ移動する」を選択します。ファイルの移動先をクリックして移動し，「ファイルをここに移動する」ボタンをクリックします。

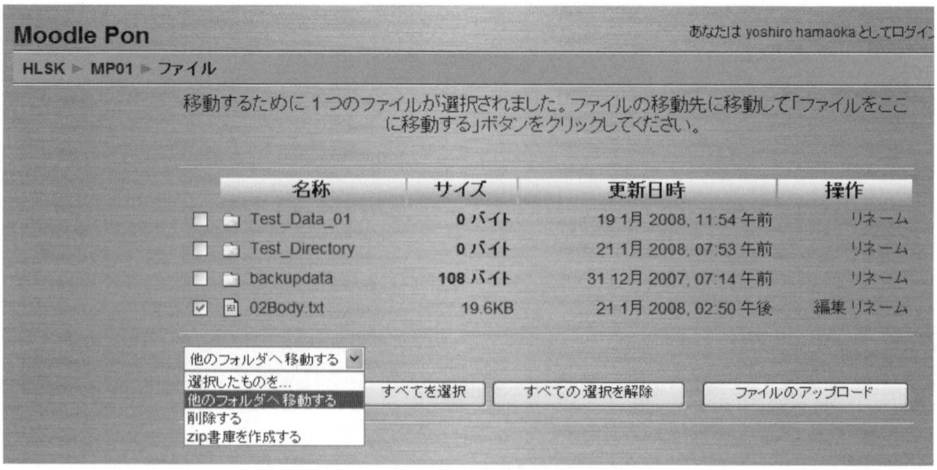

図2-10　ファイルの移動

これで，やっとディレクトリを表示する準備ができました。

- **ディレクトリの表示**（図 2-11）

ディレクトリを表示するには，次の手順を踏みます。

> 編集手順　（授業ページより）リソースの追加 ➡ ディレクトリの表示 ➡ 編集作業（プルダウンメニューよりディレクトリを選ぶ（図 2-11））➡ 変更を保存する

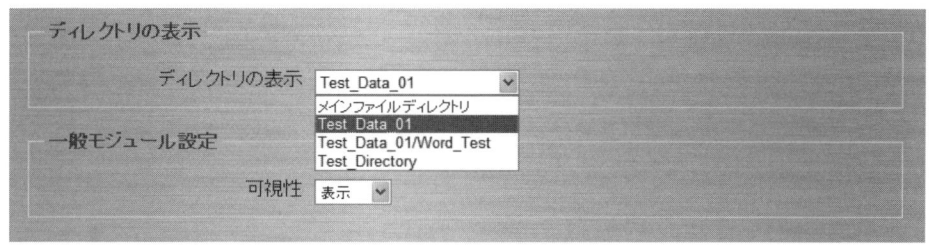

図 2-11　ディレクトリを選ぶ

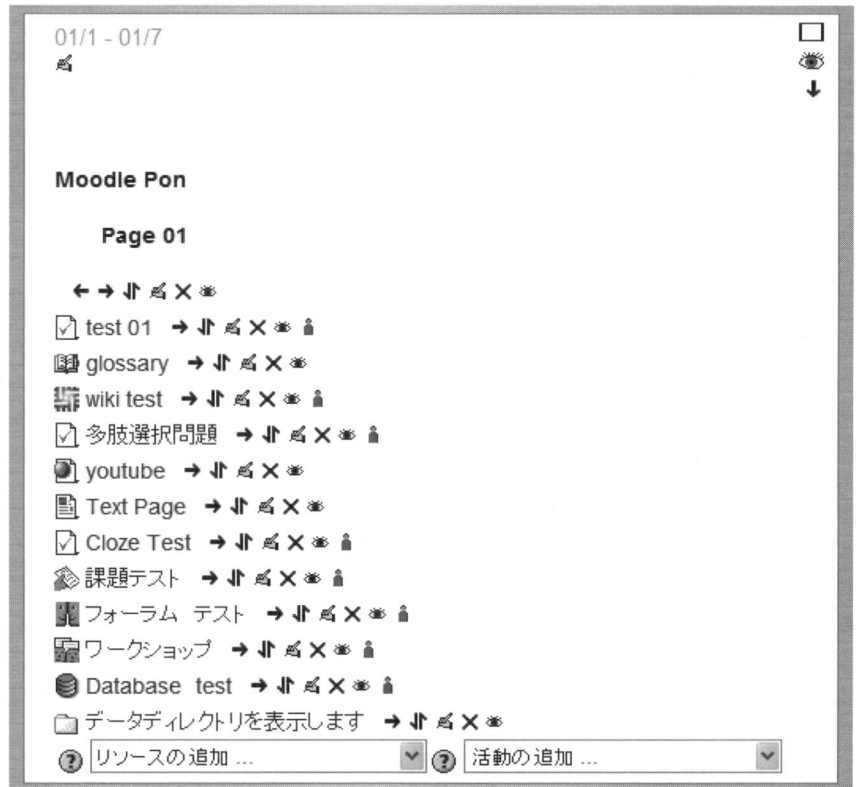

図 2-12　ディレクトリの表示が追加された

最下段に「データディレクトリを表示します」が表示されます（図 2-12）。

図 2-13 は，これをクリックして表示されるディレクトリです。

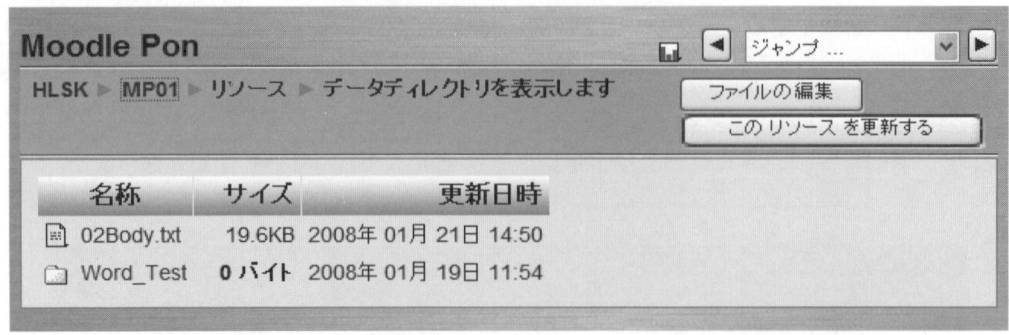

図 2-13　フォルダのアイコンをクリックするとディレクトリが参照できる

■ IMS 学習者情報パッケージの配置

　他の e-learning システムからデータを移行する場合に使うもので，現在の e-learning の普及の状況ではあまり利用しないでしょう。ここでは解説しません。

2.2.2　活動モジュール

　提示されたものに対して，学習者が何らかの活動を行うものです。ここに設定されたものの多くは評価の集計表の項目として登録され，評価の対象となります。下の表は，活動が評価を伴うか否かをまとめたものですが，これをみると，テストにより評価が与えられるもの，教員が評価し記帳するもの，教員と学習者の両方が評価を形成していくもの，評価のないものと分かれているのがわかります。それぞれ上から，23～24 ページの授業分類のテスト駆動型，レポート駆動型，課題駆動型，世話焼き型という順で，各々の型に特徴的な活動が並ぶことになります。

	評価あり	テストによる評価	教員の評価	学生の評価
Hot Potatoes	○	○		
レッスン	○	○		
小テスト	○	○		
日誌	○		○	
課題	○		○	
データベース	○		○	○
フォーラム	○		○	○
ワークショップ	○		○	○
用語集	○		○	○
Wiki				
チャット				
投票				
調査				

授業ページに活動を追加するには，授業ページ（編集モード）より，「活動の追加」からドロップダウンメニューで選びます（図 2-14）。

図 2-14 活動の追加

■ **Hot Potatoes**（図 2-15）

いろいろな形式の問題を，見栄えのする形で作るフリーのソフトウェアです。これで作成した問題が手元にたくさんある場合に使うとよいでしょう。あえて Hot Potatoes で問題を作り，Moodle に設定するのは二度手間です。

テスト期間，回数など基本的なことは小テストと共通です。設定は Hot potatoes で作ったファイルを選択し指定するだけです。

編 集 手 順　（授業ページ（編集モード）より）活動の追加 ➡ Hot Potatoes ➡ ファイル名・その他必要事項の設定 ➡ 変更を保存する

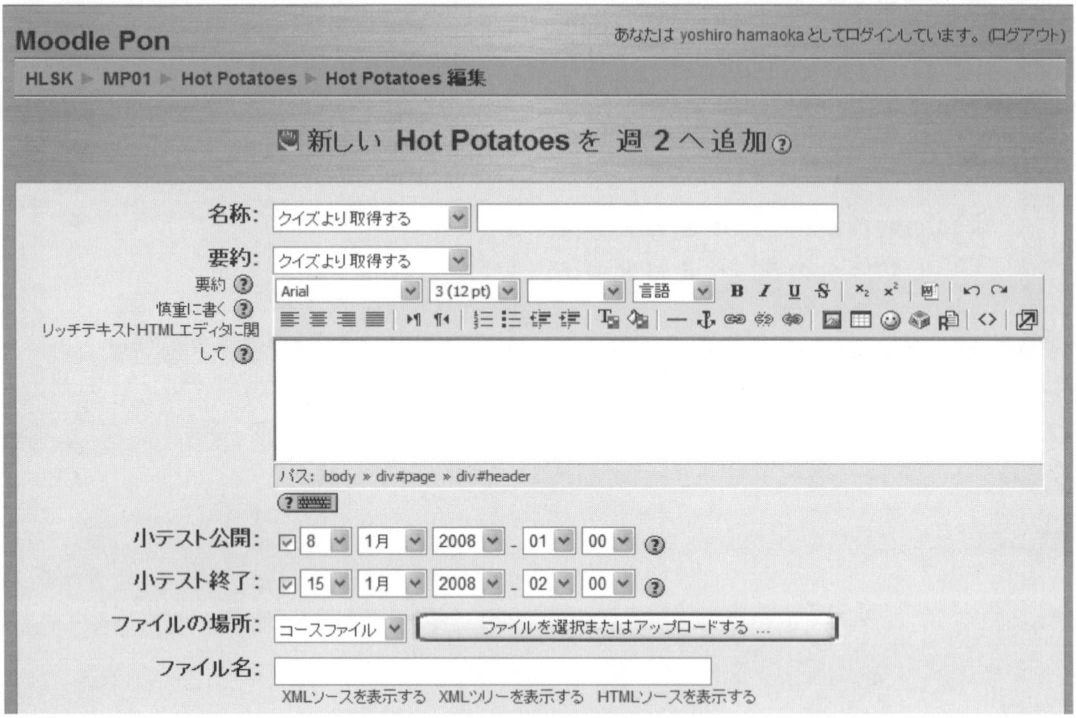

図2-15 Hot Potatoes 設定画面

■ **LAMS・SCORM/AICC**

いずれも他の e-learning システムから教材を移行するための規格で，まだ e-learning そのものがその段階に至っていないように思われます。ここでは触れません。

■ **Wiki**（図2-16）

Wiki は Web 上の一種の掲示板です。**教師のみ**が関わり操作するもの，**教師と学生集団**（全体・グループ）とが関わるもの，**教師と学生個人**が関わるものと，違う利用形態で作成できます。「タイプ」と「グループモード」の設定で切り替えます。それぞれの形態が23～24ページの4つの授業タイプで段階的に利用できるでしょう。

交換日記のような形で指導したり，グループ別の指導をしたり，グループ共同でアイデアを練ったり，プロジェクトを行ったり，掲示板にしたりと様々な用法が考えられます。

| 編集手順 | （授業ページより）活動の追加 ➡ Wiki ➡ 名称・タイプ・グループモードの設定 ➡ 変更を保存する |

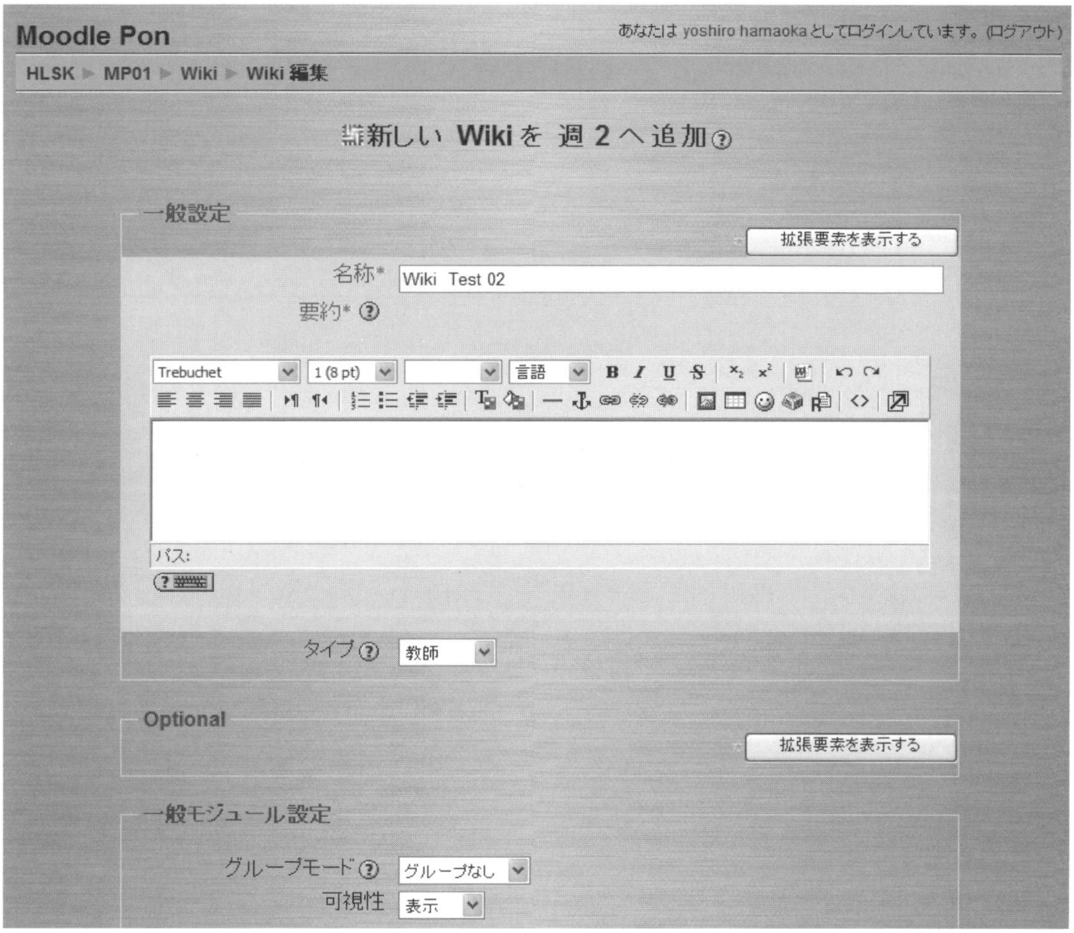

図 2-16　Wiki の設定画面

　ここでできた Wiki はその授業ページのもので，他の場所の Wiki とは連動しません。コース全体に関わる Wiki が欲しいときは，コースの表紙にあたる一番初めのページに置くことになります。

> Wiki に新しいページを付け加える方法は，若干複雑なので注意を要します。
> ①　既にある Wiki ページを編集し，リンクを作り，新しいページを作成する。
> ②　現在表示されているページでエディットタブをクリックし，出てくる編集画面に新しいページのタイトルを［　］の中に書き込み保存する。
> ③　すると編集したページの中に新しいページのタイトルが［　］の中に入って表示され，その後ろに？が表示される。
> ④　？をクリックすると新ページが編集できる。

■ **チャット**

いわゆるテキストベースでのコンピュータ上の会話です。遠隔教育での補助手段としては有効でしょう。

> 編集手順　（授業ページより）活動の追加 ➡ チャット ➡ チャットルーム名とイントロダクションテキストを入力，公開時間・グループモードの設定 ➡ 変更を保存する

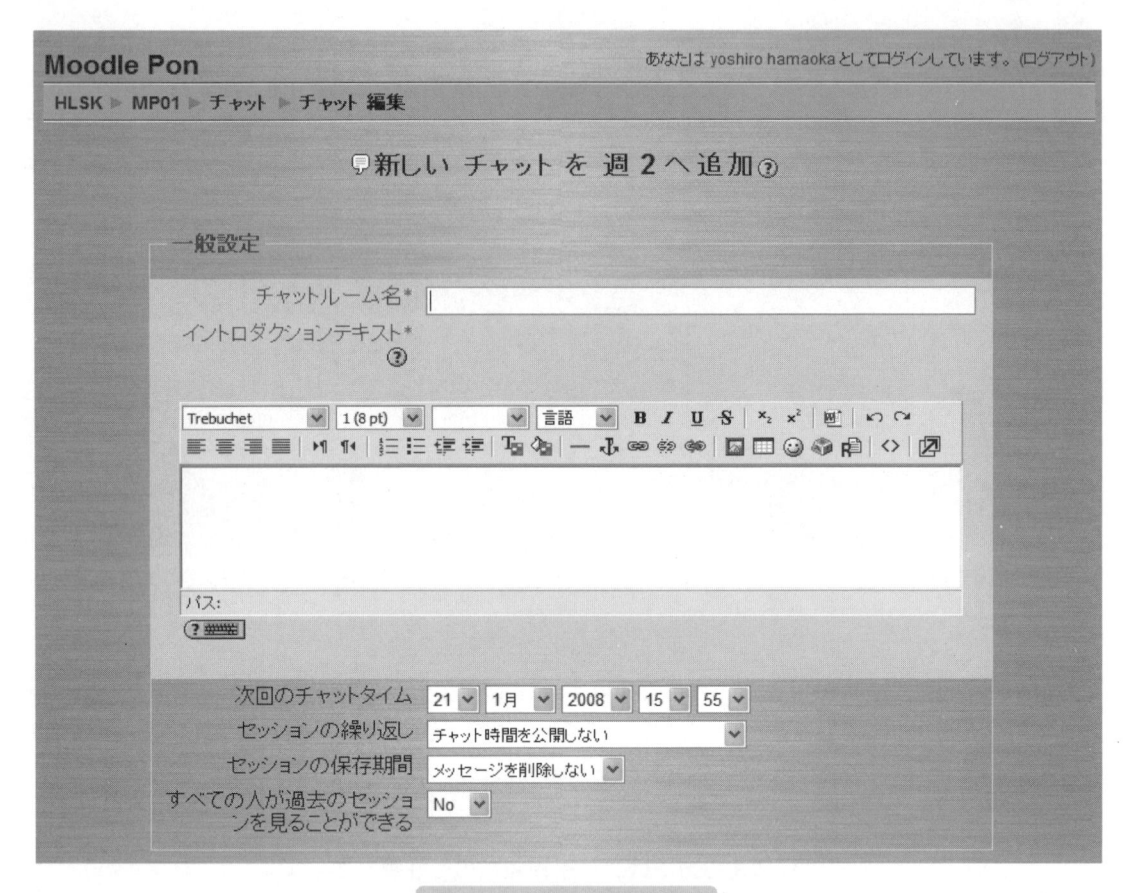

図2-17　チャット設定画面

名称とイントロダクション，その他を入力して変更を保存します。

図2-18　チャットができた（吹き出しのマーク）

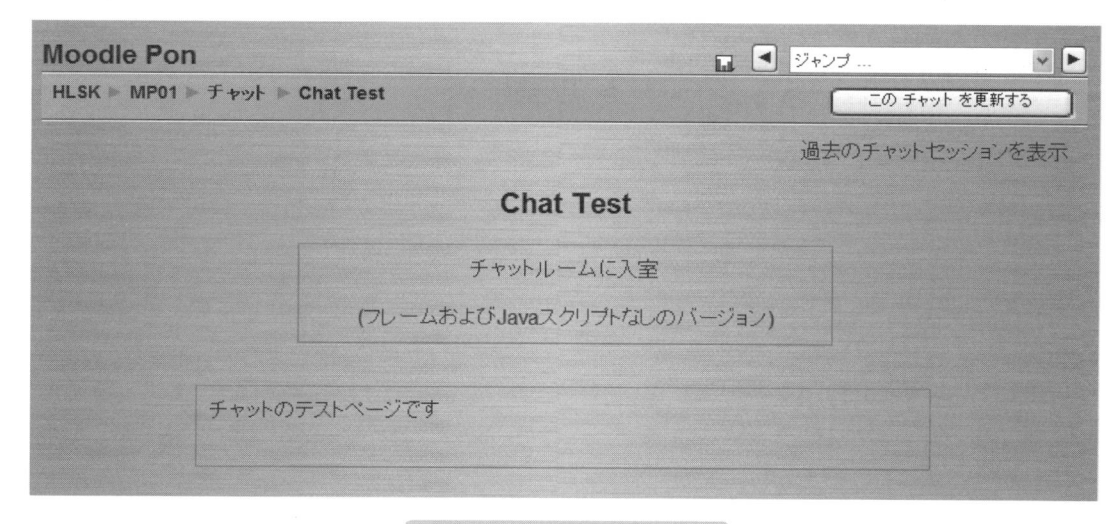

図2-19　チャットの入口画面

　吹き出しのマークをクリックしてチャットに入ります。「チャットルームに入室」のリンクをクリックしてチャットに参加します。

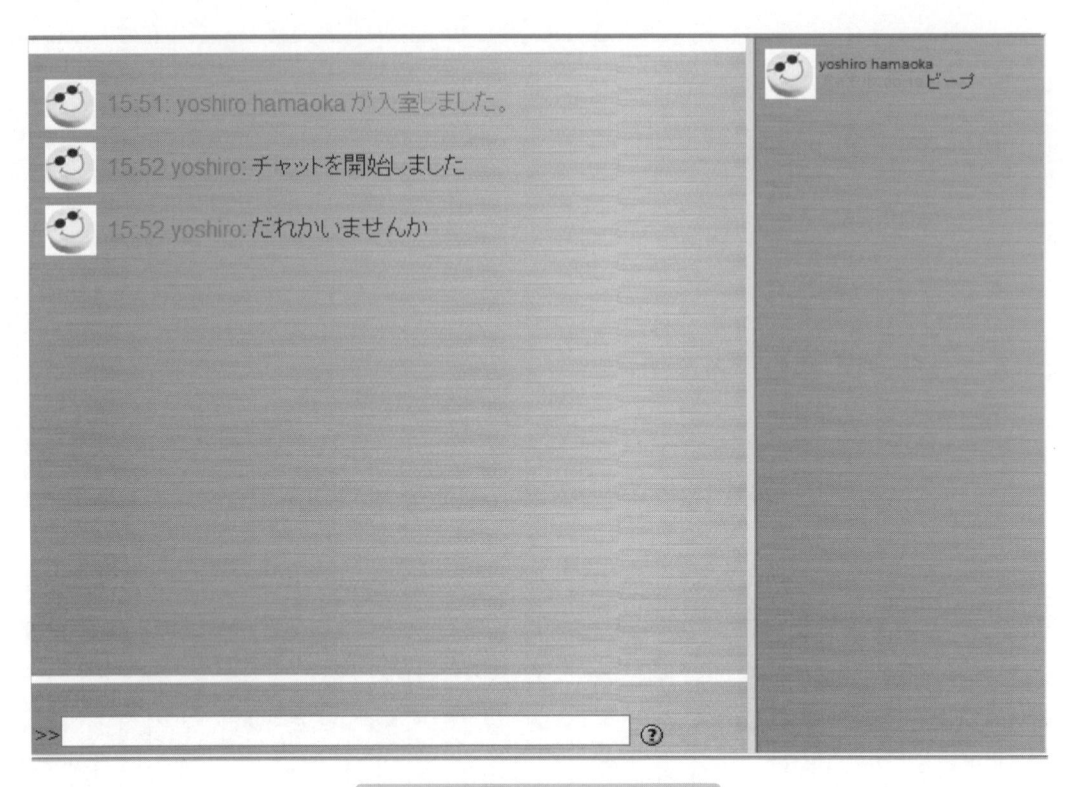

図 2-20 チャットで対話中の画面

表示されている参加者に示されている「ビープ」をクリックすると，その参加者にブザーを鳴らし呼びかけることができます（図 2-20）。

■ データベース

まだ使い勝手はよくありません。参考資料などを少しずつ蓄えていくにはよいでしょう。学生に調査を行わせ，その結果を集約する場として利用できます。しかし，大量のデータを扱うには見通しが悪いようです。

一般授業用のデータの提示，23～24ページの授業分類のレポート駆動型以降の形態で課題としてデータを収集させるなどの利用法が考えられます。

| 編集手順 | （授業ページより）活動の追加 ➡ データベース ➡ 名称 とイントロダクションを入力，必要な項目があれば設定 ➡ 変更を保存する ➡ 新しいフィールドの種類と作成 ➡ フィールドの名称と説明の入力 ➡ データ入力 |

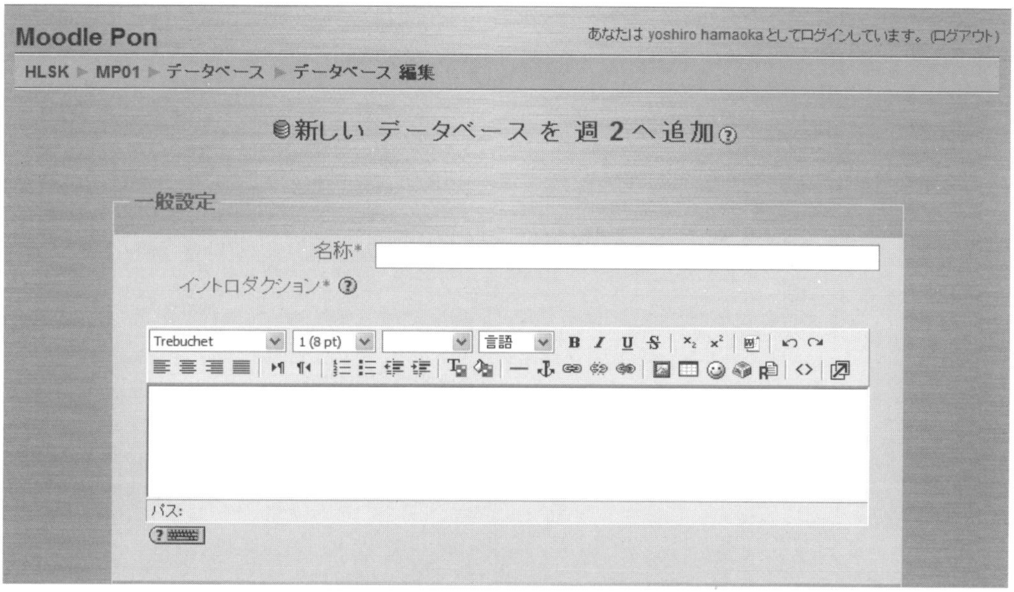

図 2-21 データベース設定画面

　名称とイントロダクションを設定します。図 2-21 で名称とイントロダクション及びその他必要な項目を設定し変更を保存すると，データベースができあがります。できたデータベースに図 2-22，図 2-23 の画面でフィールド（データを入れる枠組み）を設定します。

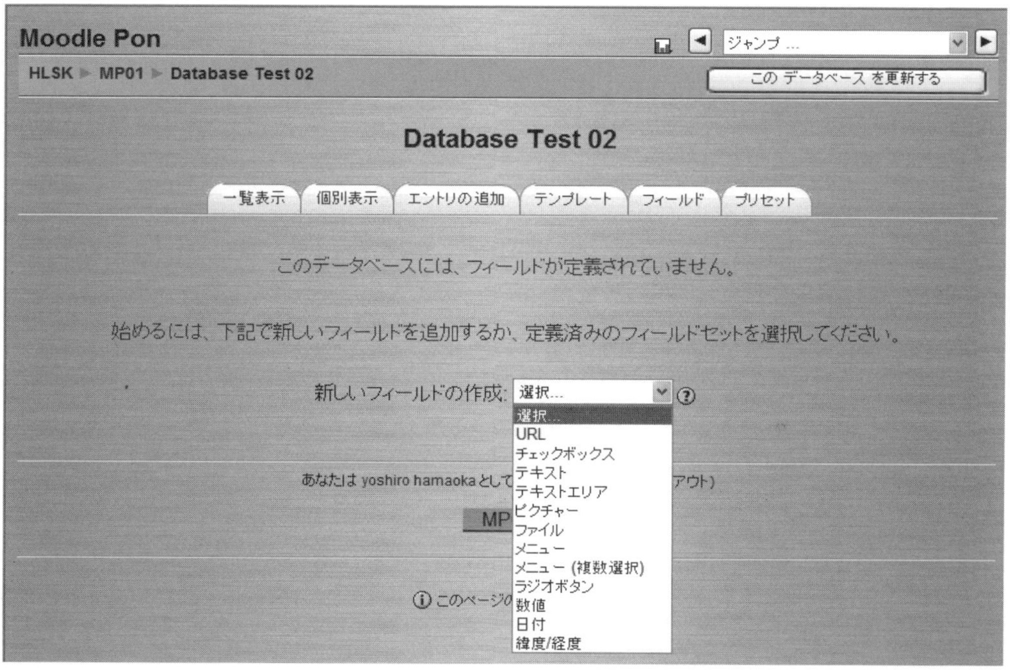

図 2-22 新しいフィールドの種類と作成

フィールドの形式を選択して作成します（図2-22）。作成したフィールドに名称と説明を入力します（図2-23）。

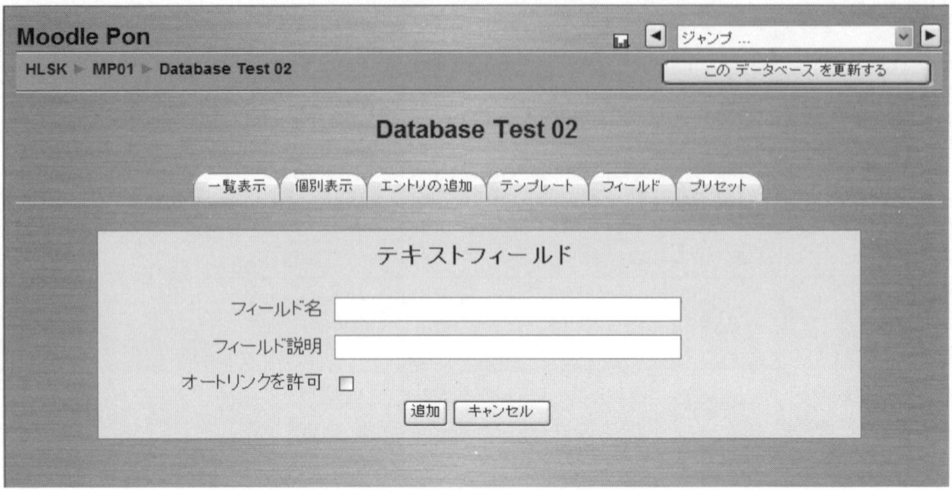

図 2 - 23　フィールドの名称と説明の入力

操作画面（図2-24）には「一覧表示」、「個別表示」のタブがあり、表示を切り替えられます。「エントリの追加」のタブで、データを追加します。表示用のテンプレートも編集できます。データフィールドの追加も可能です。「プリセット」のタブからCSV[注]形式でデータのインポートやエクスポートができるので、これを使えば比較的時間をかけずにデータベースを構築できるでしょう。

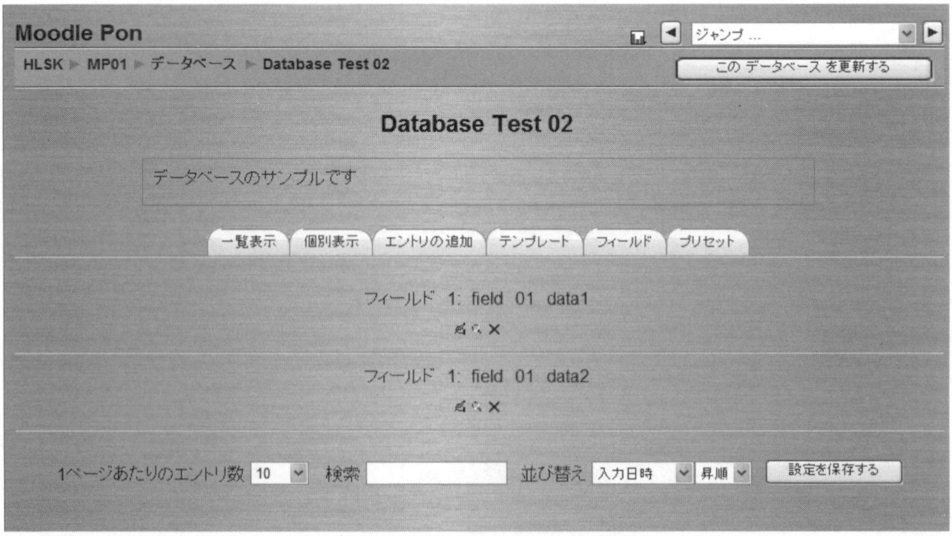

図 2 - 24　データベースを表示

（注）**CSV**（Comma Separated Values）：コンマ区切りでデータを並べたテキストファイルのこと。

■ フォーラム（図2-25）

議論が行われる場を提供するものです。発言の相互評価も行うことができるので，ゼミなどのツールとして利用できます。課題を与え，期間を区切って討論させるなどの用法が考えられるでしょう。少人数のクラス，あるいはグループでの課題型の授業で使用するとよいでしょう。

> **編集手順**　（授業ページより）活動の追加 ➡ フォーラム ➡ フォーラム名とフォーラム紹介を入力，フォーラムタイプ・評価・ファイルサイズなど必要なら設定 ➡ 変更を保存する

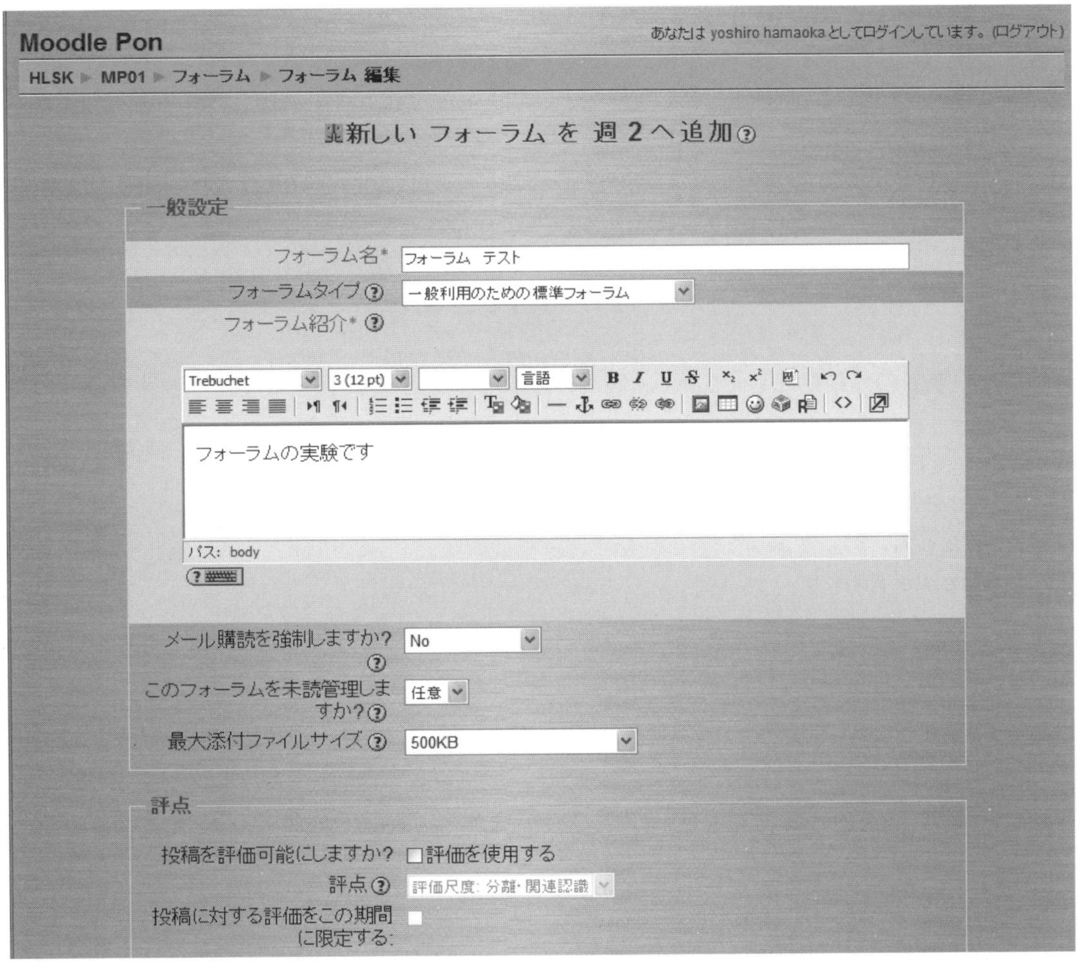

図2-25　フォーラム設定画面

図2-25の画面より，フォーラム名，フォーラムの紹介，その他必要事項を入力して変更を保存します。

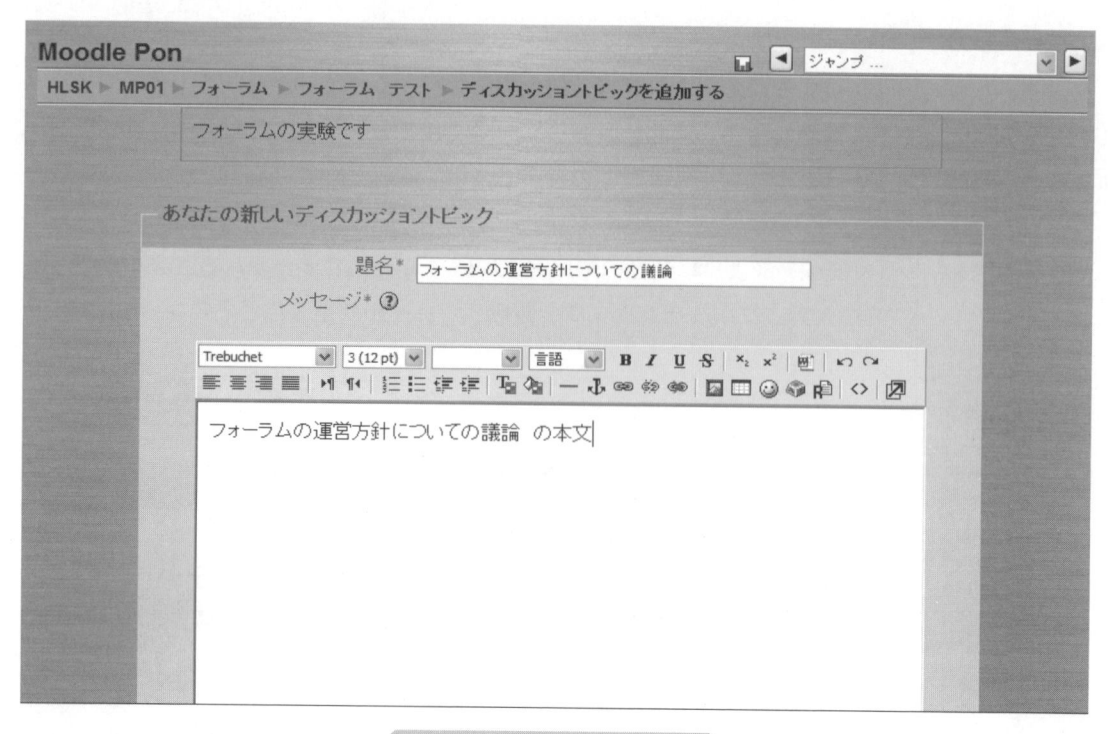

図 2-26　フォーラム投稿画面

次にフォーラムの内容を設定する画面（図 2-26）で議題とその詳細を入力し，「フォーラムに投稿する」をクリックします。

図 2-27　できたフォーラムの授業ページでの表示画面

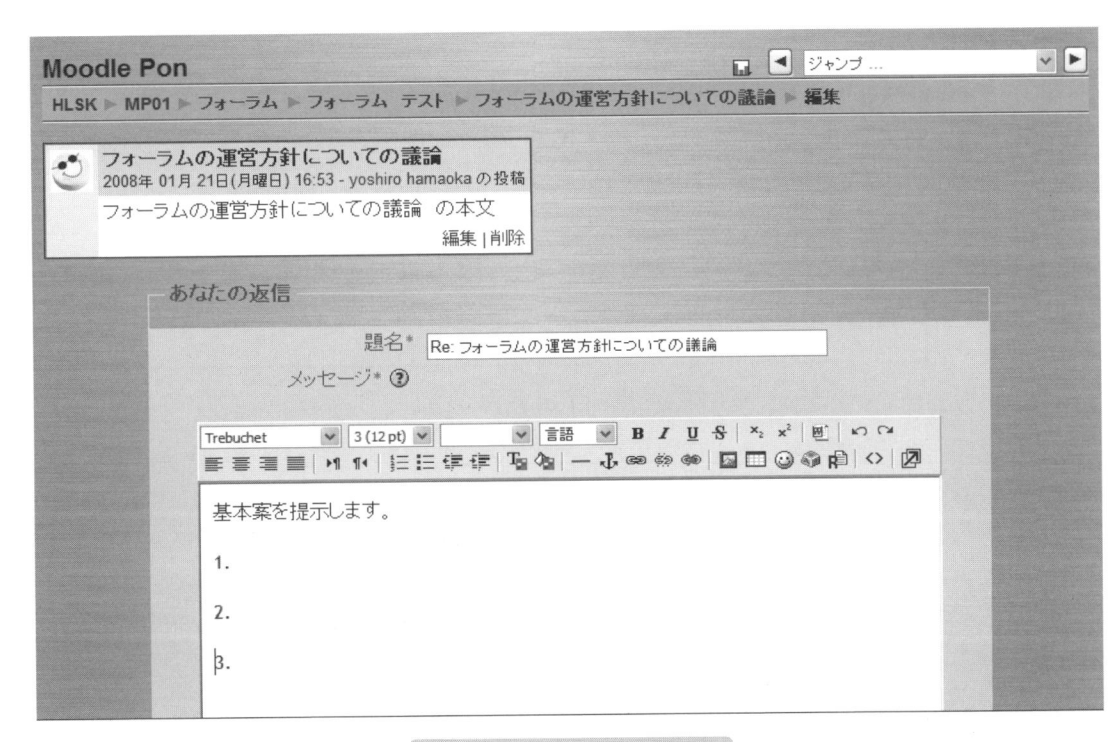

図 2-28　フォーラム返信画面

　フォーラムに投稿（図 2-26）すると，図 2-28 のように表示されるので，それに対する返信を投稿する形で議論を進めます。

■ レッスン（図 2-29）

　個別指導や e-learning のみでコースを組み立てる必要があるときに使えるでしょう。しかし作成手順は煩雑なので，費用対効果の効率が低いと考えます。徐々に作りためていく形で利用するとよいと思います。Moodle を授業の補助ツールとして用いる場合には利用する必要はないでしょう。

> **編集手順**　（授業ページより）活動の追加 ➡ レッスン ➡ レッスン名と制限時間を設定，その他必要事項があれば設定 ➡ 変更を保存する ➡ レッスンの内容を設定

　レッスンの要素をインポートしたり作成したりしながら，レッスンの展開を設定していきます。どのようなインターフェイスが最良かを研究したことがないので，この方式に正確な評価は下せませんが，「設定に 30 分かかったものを学習者は 3 分で解く」ぐらい効率が悪いように思います。

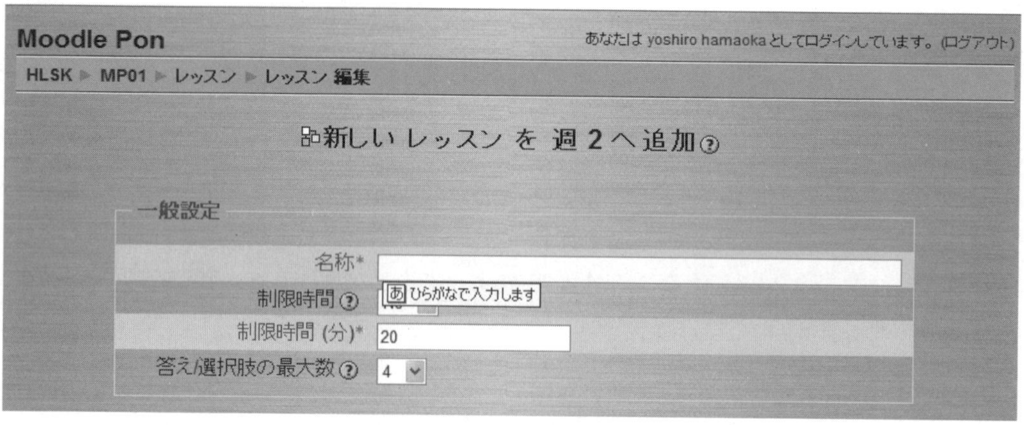

図 2-29　レッスン設定画面の一部

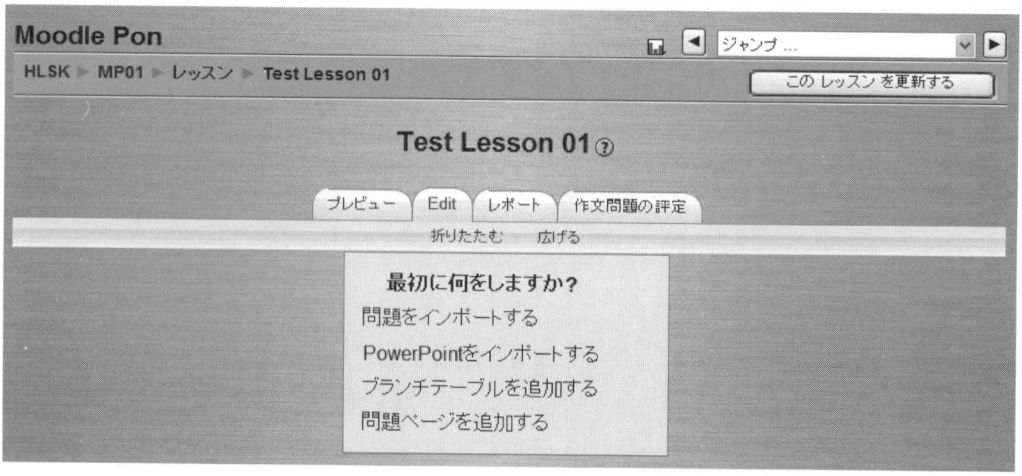

図 2-30　レッスン内容の選択画面

名称などの基本設定をして変更を保存します（図 2-29）。Edit（編集）タブでレッスン内容を選び，必要なものを設定していきます（図 2-30）。

図 2-31　レッスン展開編集画面

問題の解答状況に応じて，展開を変える設定をします。

■ ワークショップ（図 2-32）

　課題を与え，提出された課題に参加者が相互評価する場を与えるシステムです。参加者の評価に教師の評価を適切な倍率で加え，最終評価とします。評価は，図 2-35 のように画面が上下に分かれ，上に評点を与える部分，下に提出物そのものが提示されるので，提出物を画面で確認しながら評点をクリックして与えることができます。

　課題を与えた作文やゼミに使うと，学習者のコースへの参加度合が高まります。設定の詳細は，それぞれの項目のヘルプを参照してください。

> **編集手順**　（授業ページより）活動の追加 ➡ ワークショップ ➡ 提出課題名と説明（内容）を設定，その他提出課題・評価作業に対する評点，評定方法，評価要素数など必要事項があれば設定 ➡ 変更を保存する ➡ 評価要素の編集

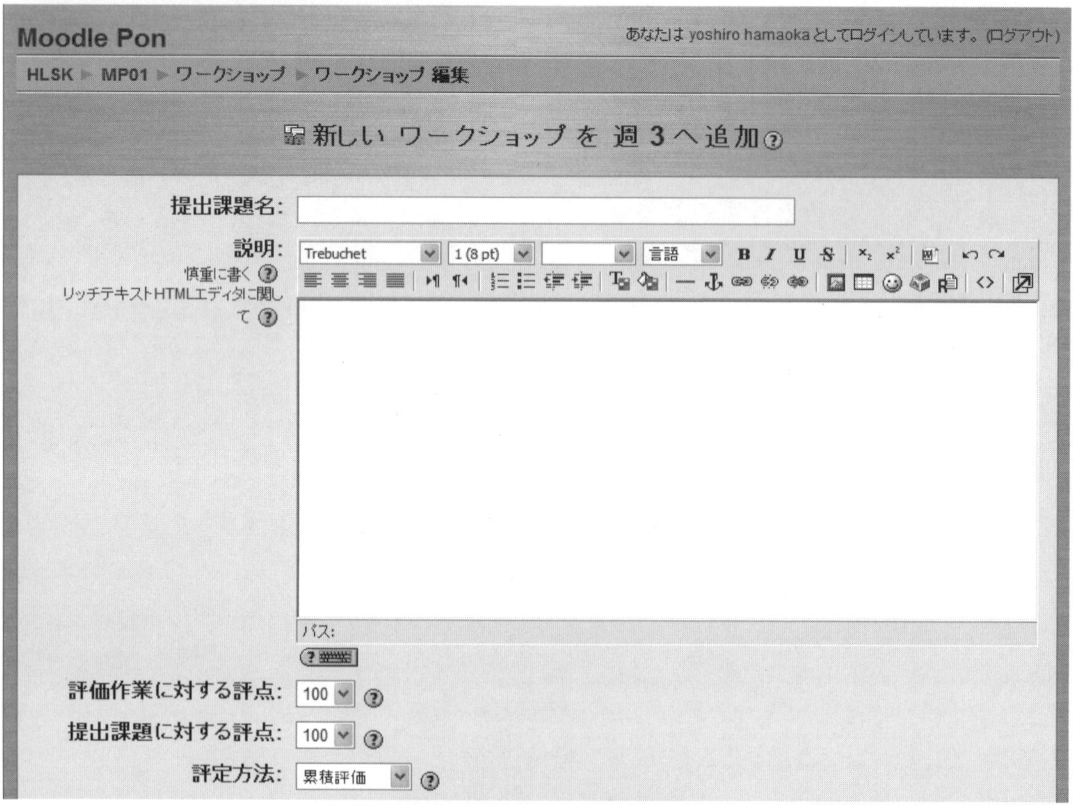

図 2-32　ワークショップ設定

　課題名と課題の内容，与える評点を設定し，変更を保存します。

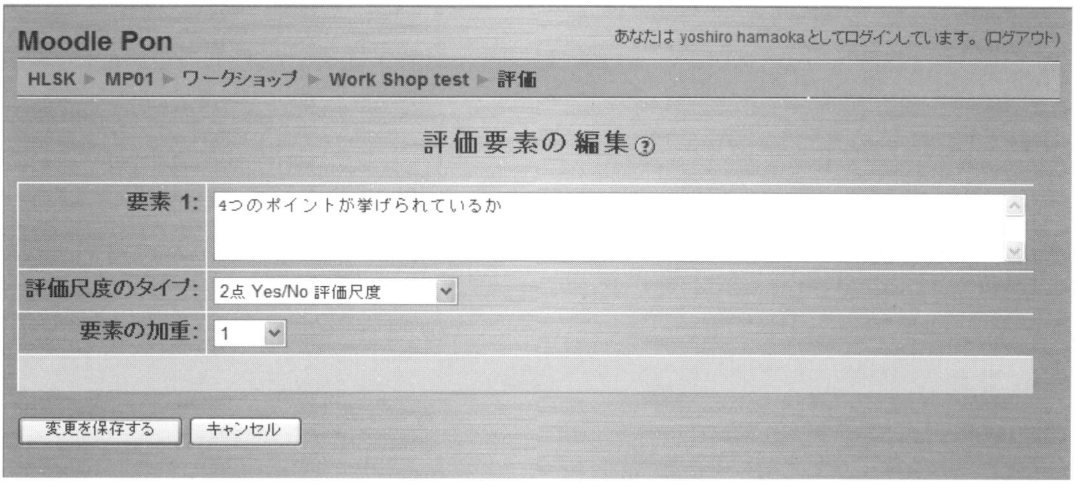

図2-33 評価要素の編集

　この課題の評価を行う場合の観点と尺度を設定します。たとえば,「〜について重要なポイントを4つあげよ」という課題であれば,図2-33のように4つのポイントがあげてあるかどうかをYes / Noで評価すると設定します。観点は複数設定できます。

図2-34 ワークショップ〔課題提出画面〕

学習者はこの画面に課題を入力し提出します。

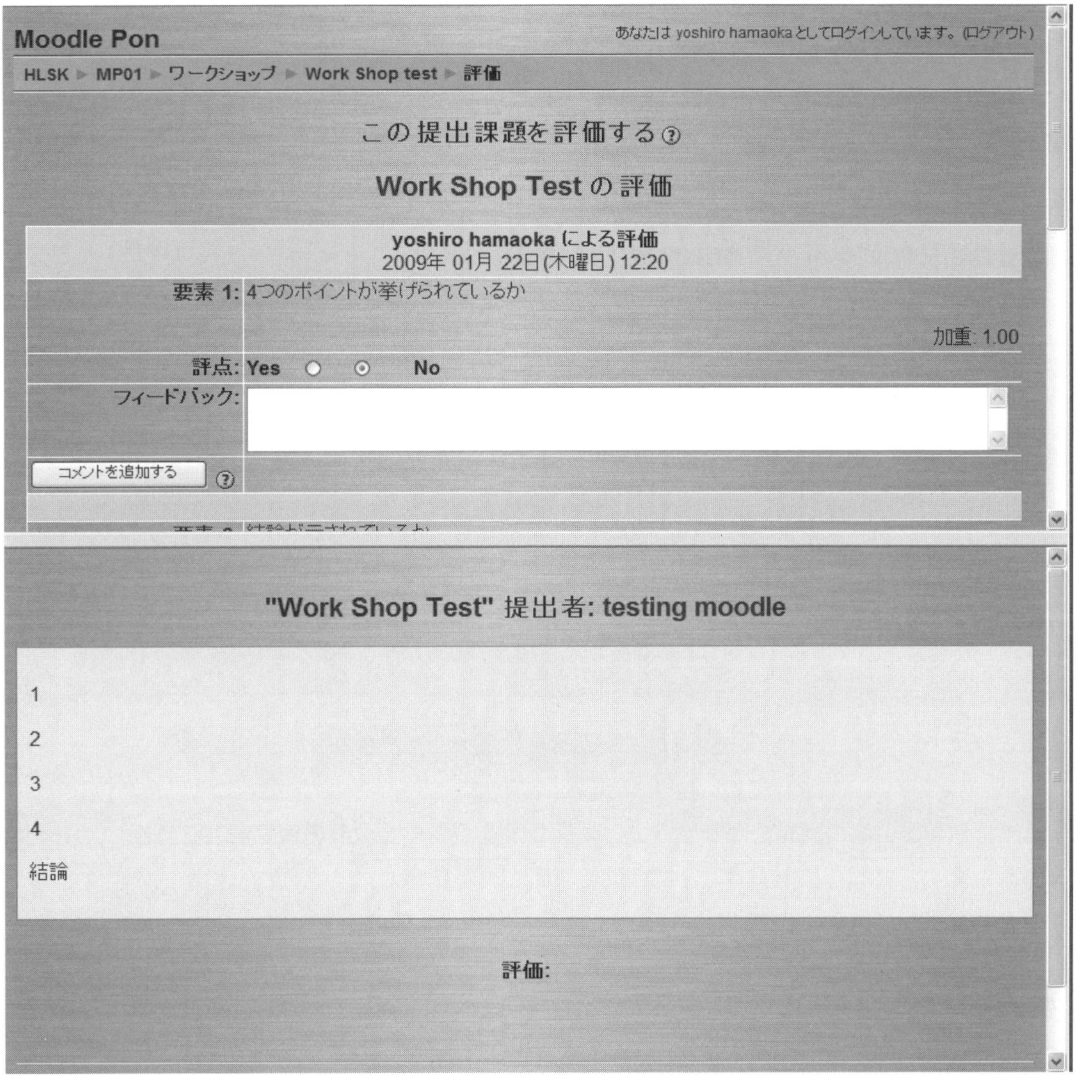

図2-35 ワークショップ〔課題評価画面〕

　上段が評点を与える部分で，コメントを与えることもできます。下段は学生の提出物そのものが提示されます。

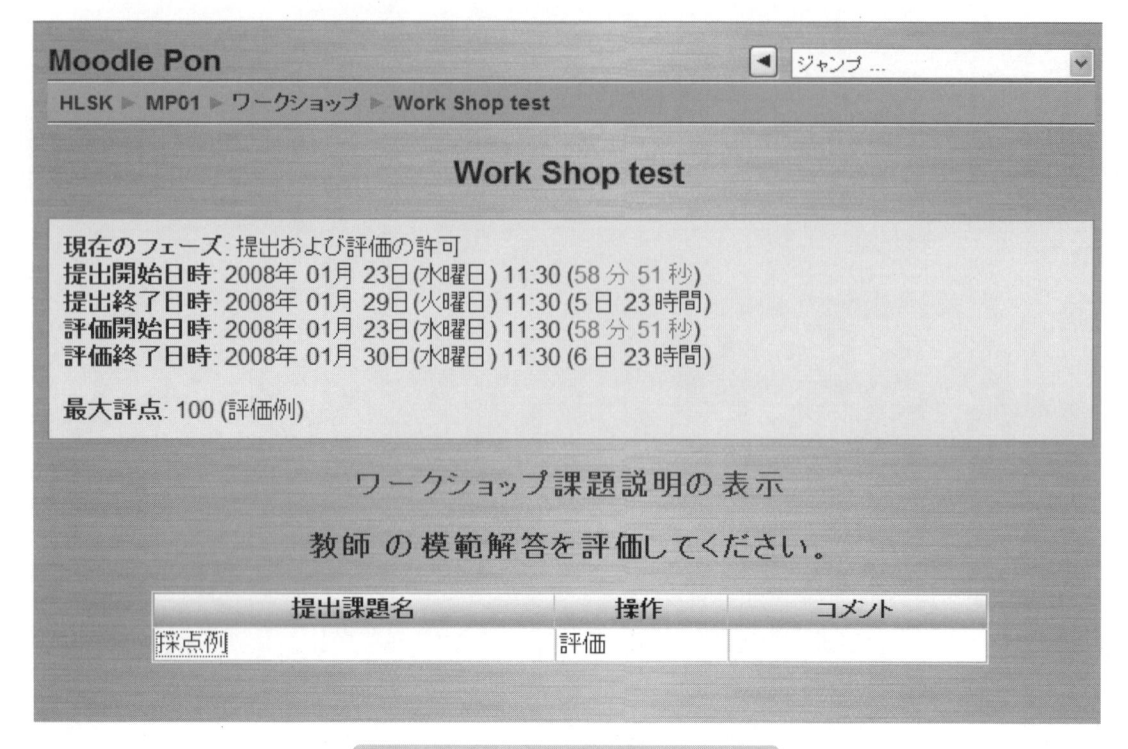

図2-36 ワークショップを開いたところ

　学習者は他の学習者の課題を評価することになりますが，まず教師の模範解答を評価して評価の感覚をつかみます。これを利用すると，採点例に模範英文を提示し，それに沿った形式の英文を作文させるなどの課題ができます。

■ 小テスト

　様々な形式の問題が作成できます。採点も自動で行われます。
　テスト駆動型の授業には必須です。標準の問題作成法は手間がかかりすぎるので，作成法については第6章で詳述します。

> **編集手順**　（授業ページより）活動の追加 ➡ 小テスト ➡ テスト名称，その他期間，回数，レビューの可否など必要事項を設定 ➡ 変更を保存する ➡ Question bank（問題保存庫）➡ 問題の作成 ➡ 問題の選択・設定

　名称を設定し，指示，公開時間，制限時間が必要であれば設定し，変更を保存します。すると問題の内容を設定する画面（図2-38）に進みます。
　ここで，小テストの設定画面全部（図2-37 ⓐ，ⓑ）について説明しておきます。さまざまな活動に共通の設定項目がありますので，概要を述べます。

- **「一般設定」**

 「一般設定」の「名称」は必須です。「イントロダクション」は書いてあったほうが親切ですが空白でもかまいません。

- **「タイミング」**

 「タイミング」では，「小テスト公開」，「終了日時」，「制限時間」を必要があれば設定します。大きな評価用のテストの場合は，設定するとよいでしょう。「制限時間」をつけると学生は慌てることがあるので，口頭で「あと何分で終了」などとするほうが学生には評判がよいようです。

 「最初と2回目の受験の待ち時間」，「2回目以降の受験の待ち時間」は指導方法の問題で，復習をしてから再度受験するというタイミングを設定することになります。

- **「表示」**

 「1ページあたりの問題数」で，「無制限」にすると，問題数が多いと受験中にスクロールの回数が増え煩雑になります。適切な数値を設定するとよいでしょう。

 同じような問題で構成された小テストの場合は，「問題をシャッフルする」の設定を「Yes」にすると，問題の内容が同じでも，見た目が変わります。選択肢の順番が変わるので，多数回受験可能の場合，問題慣れを防ぐことができます。しかし，リスニング問題のように音声に選択肢が含まれている場合は順番を変えることはできませんので，ここを「No」に設定します。

- **「受験」**

 「受験回数」は練習問題などの場合，「無制限」に設定しておくとよいでしょう。さらに，「評定」の設定を最高評点にしておくと，成績に敏感な学生には学習意欲を与えます。

 「直近の解答内容を反映させる」の設定を「Yes」にすると，それぞれの新しい受験では，直近の解答内容が反映されます。すなわち，正解した問題に対しては解答が表示され，誤ったものにだけ解答すればよいようになります。これにより，複数回の受験で小テストを終了するようにできます。

 「アダプティブモード」を設定すると，学生はテストを受験している最中でも複数回の解答を行うことができます。解答を送信すると，解答が間違っている場合は赤で，正解の場合は緑で表示され，学生はすぐに解答し直すことが許されます。しかし，通常は間違った解答ごとに評点からペナルティが引かれます。最終的にすべてを正解しても，ペナルティーにより得点は0（ゼロ）という可能性もあるので，ペナルティーの設定と合わせて調整する必要があります。

- **「評定」**

 「評定方法」には，「最高評点」，「平均評点」，「最初の受験」，「最新の受験」があります。学生のどの側面を観察したいかによって設定します。

 「ペナルティを適用する」か否かは受験回数やアダプティブモードとの兼ね合いが必要です。

 「評点の小数点以下桁数」は適宜設定します。

- **「学生はレビューできる」**

 受験結果を見ることができるか，またいつ見ることができるかを設定します。

 「受験後すぐに」，「後で，小テスト実施中」，「小テスト終了後」のタイミングで設定できます。

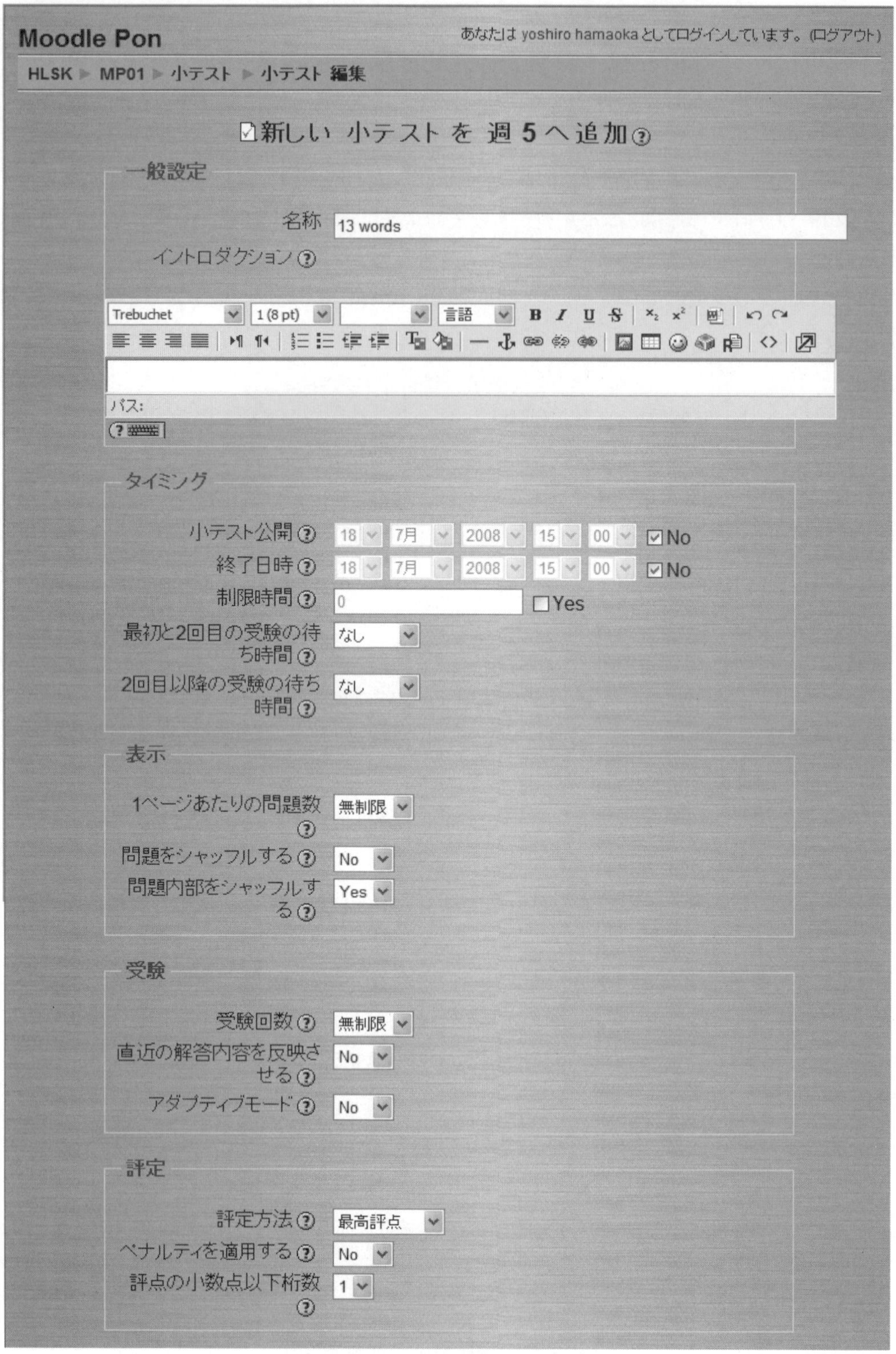

図 2-37 ⓐ 小テストの設定画面

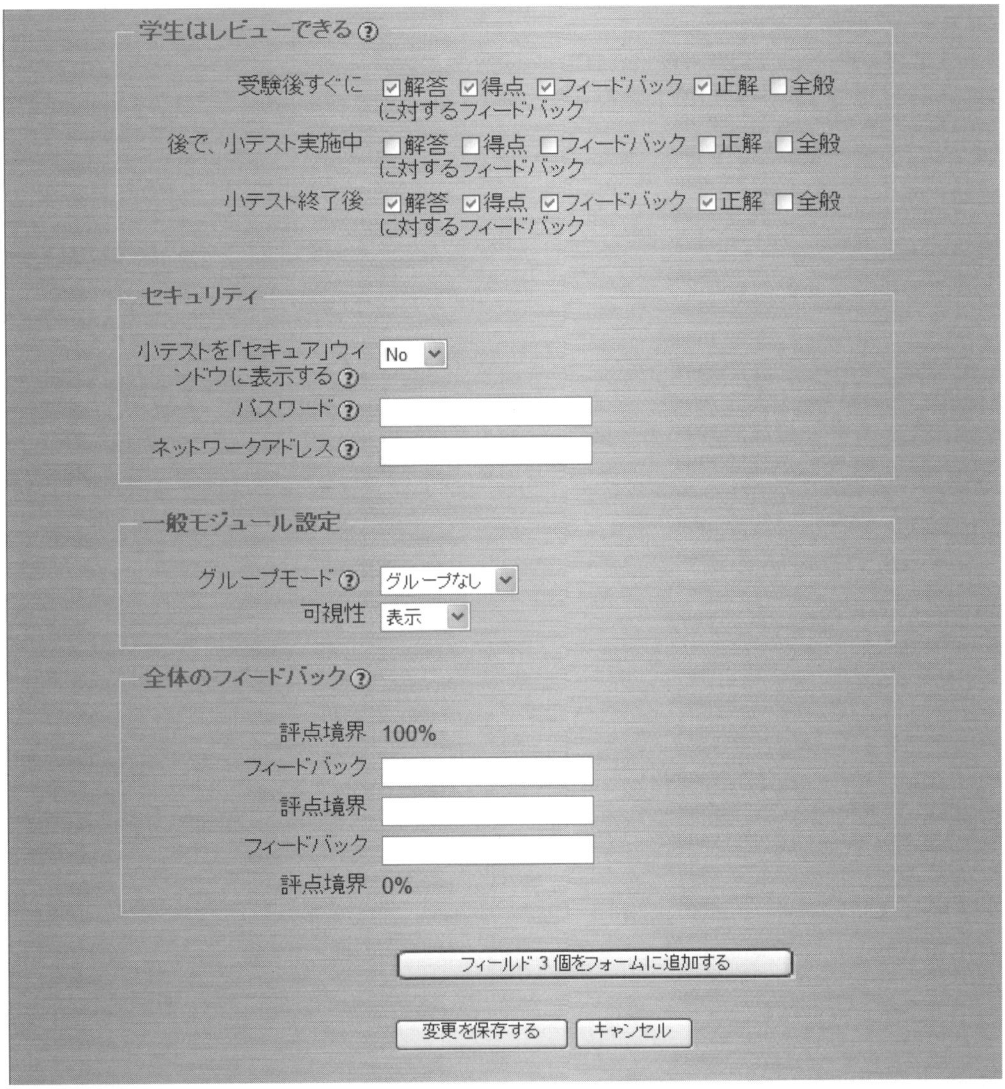

図2-37 ⓑ 小テストの設定画面

　リスニングなどの問題で，小テスト実施中にレビュー可能にし，アダプティブモードを設定，ペナルティを適用しない設定にすると，聞き取りの正誤を確かめながら聞き取りを行うことができます。

・**「セキュリティ」**

　「小テストを「セキュア」ウィンドウに表示する」の設定を「Yes」にすると，コピー，ペーストなどの機能が制限されます。

　「パスワード」を設定すると，パスワードを与えられた学生のみが受験できることになります。

　「ネットワークアドレス」は，LAN上の特定のサブネットまたはインターネットから小テストへのアクセスを，IPアドレスで制限することができます。これにより，特定の教室からのみ小テストにアクセスすることができるようになり，評価試験などの場合は便利です。

- **「一般モジュール設定」**

「グループモード」は，必要がなければ設定を変えません。

「可視性」は，授業ページに表示するか否かを設定します。あとで授業ページにある，目のアイコンを操作しても変えることができます。

- **「全体のフィードバック」**

全体のフィードバックは，小テストの受験終了後，学生に表示します。内容は，学生の評点によって変えることができます。

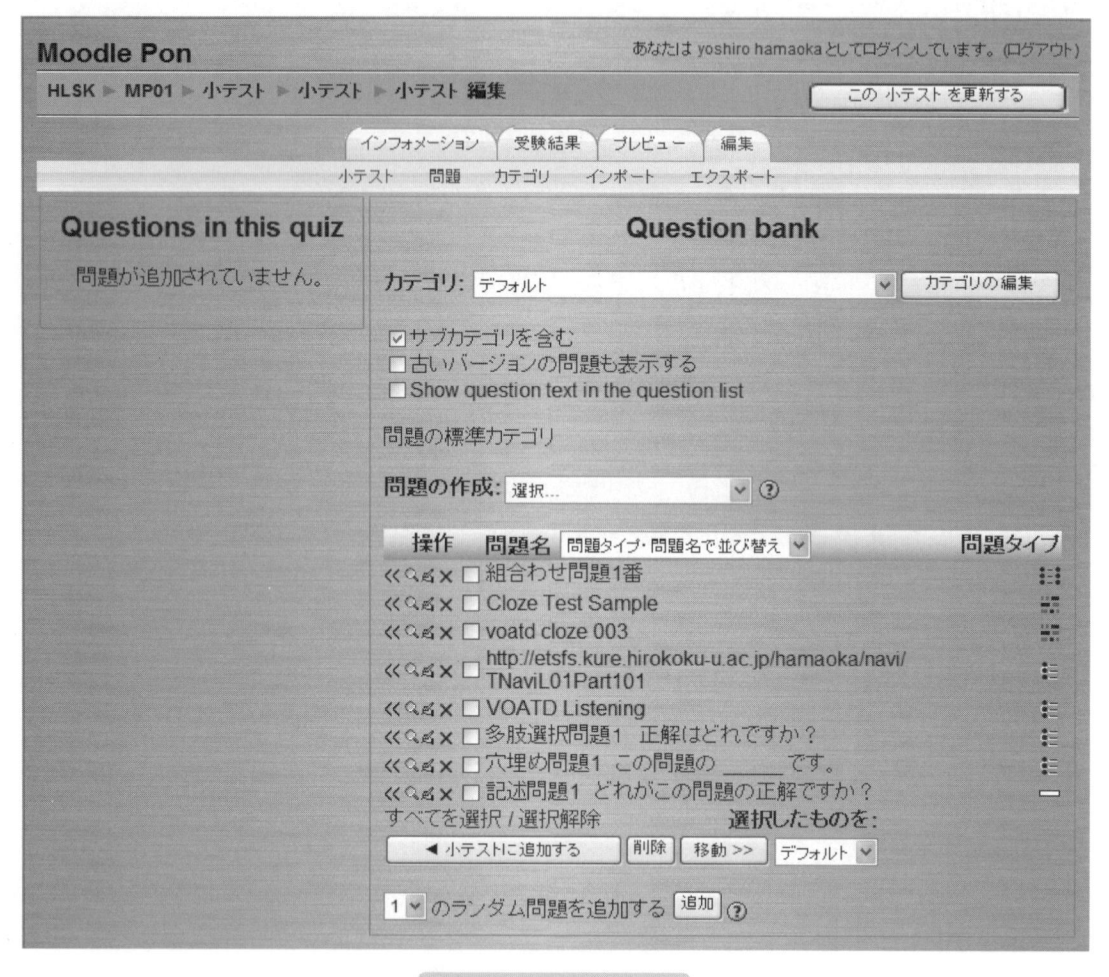

図 2 - 38　Question bank

すでに Question bank（問題保存庫）に問題が作成してあれば，≪をクリックして追加します。複数追加する場合は□にチェックを入れ，下の「小テストに追加する」で設定します。各問題の作成方法については第 6 章で詳述します。

■ 投票

　アンケートをとる機能と考えればよいでしょう。選択肢を設け解答を促します。集計がなされ，誰がどの選択をしたかを参照できます。筆者は学生に教材の評価をさせる場合によく使います。どの型の授業でも有効です。また，各選択肢に「投票制限数」を設けることができます。この機能を使うと，学生の課題別グループ分けに使うこともできます。

> **編集手順**　（授業ページより）活動の追加 ➡ 投票 ➡ 投票名，各選択肢，期間など必要事項を設定 ➡ 変更を保存する

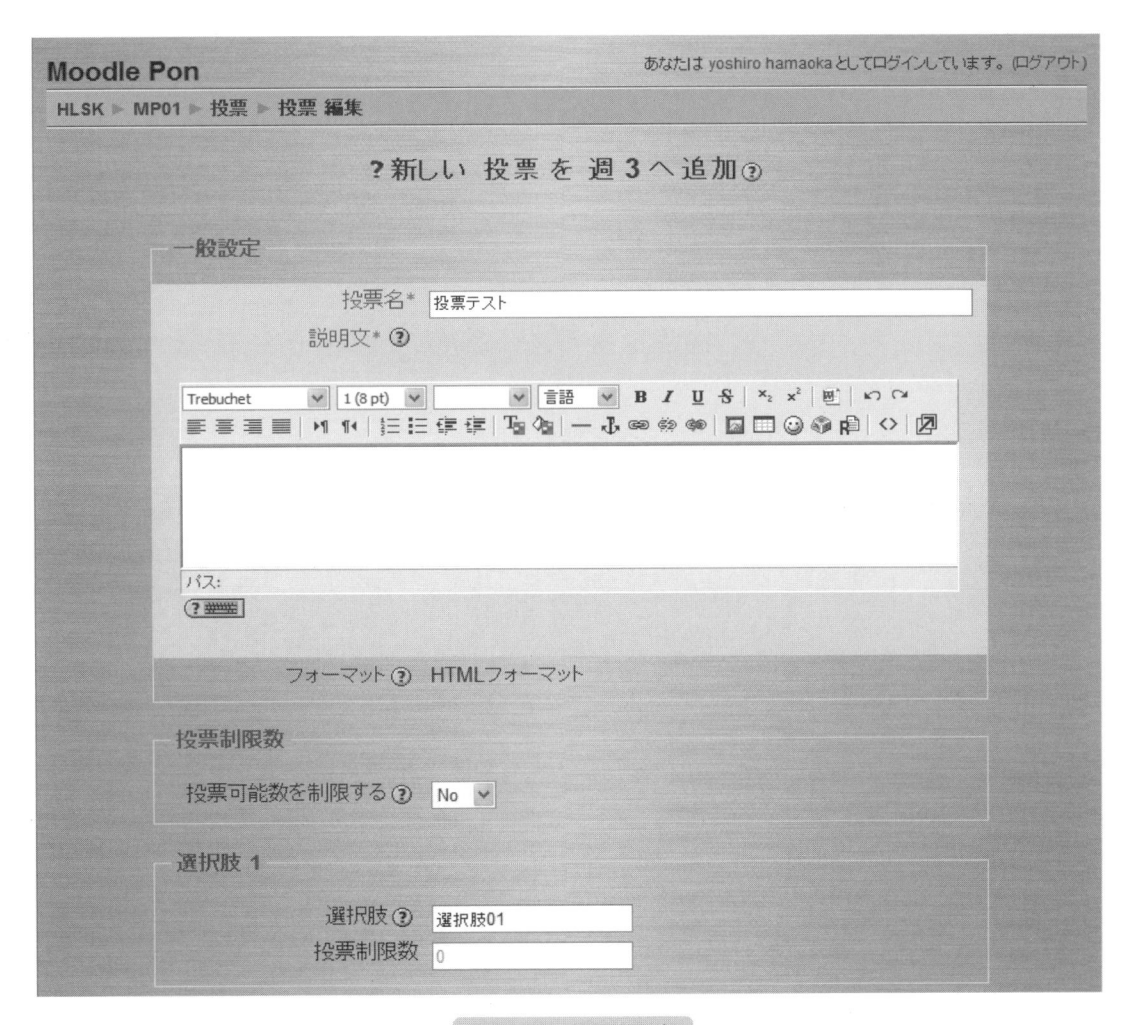

図 2-39　投票の設定

　名称と説明文，その他必要事項を設定し，変更を保存します。図 2-40 は設定例です。

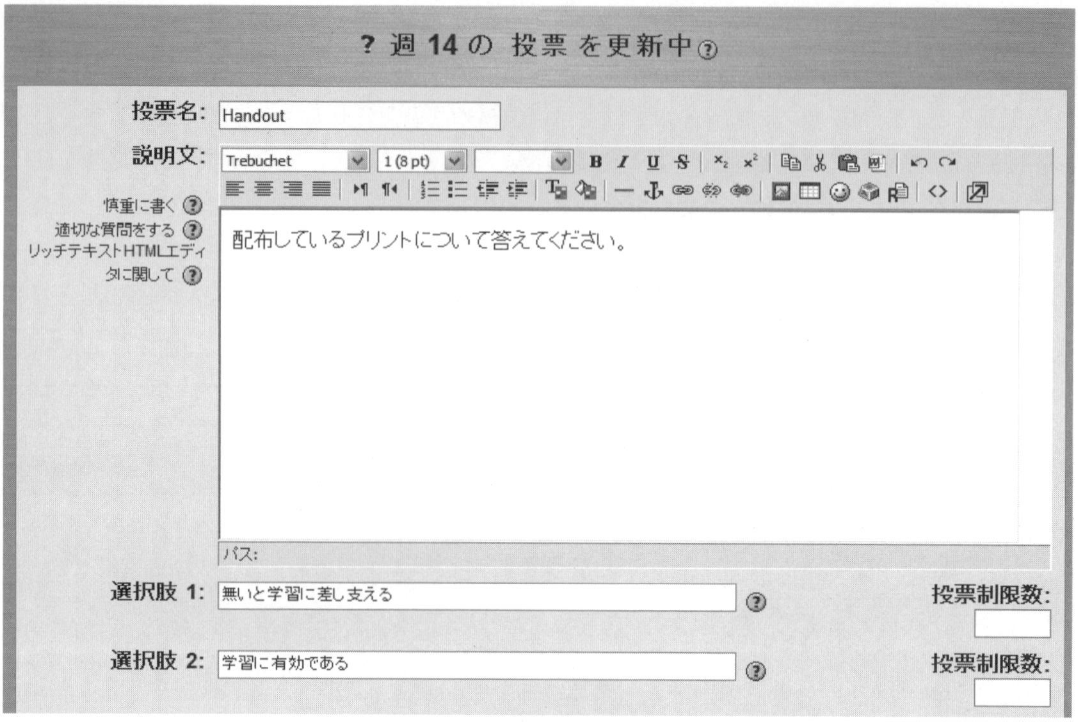

図2-40 投票内容設定画面

投票名と説明文，選択肢などを説明し，変更を保存します。

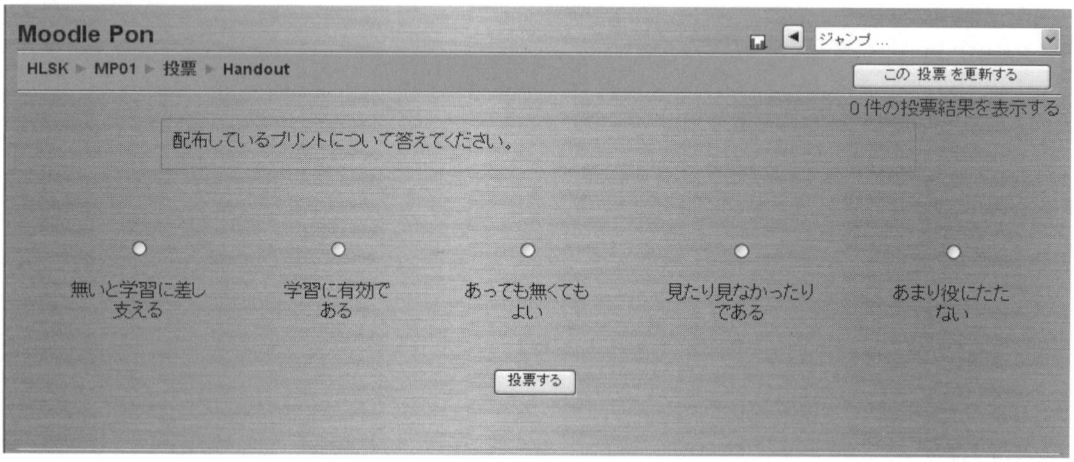

図2-41 投票画面

第 2 章　授業の型と利用法

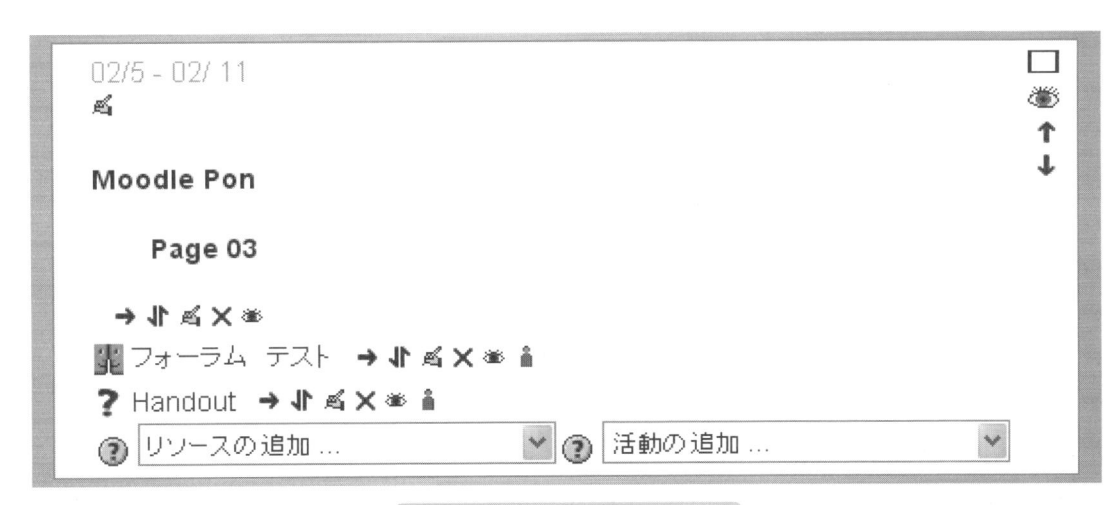

図 2-42　できた投票授業ページ

授業画面には，投票名に？マークが付いて示されます。

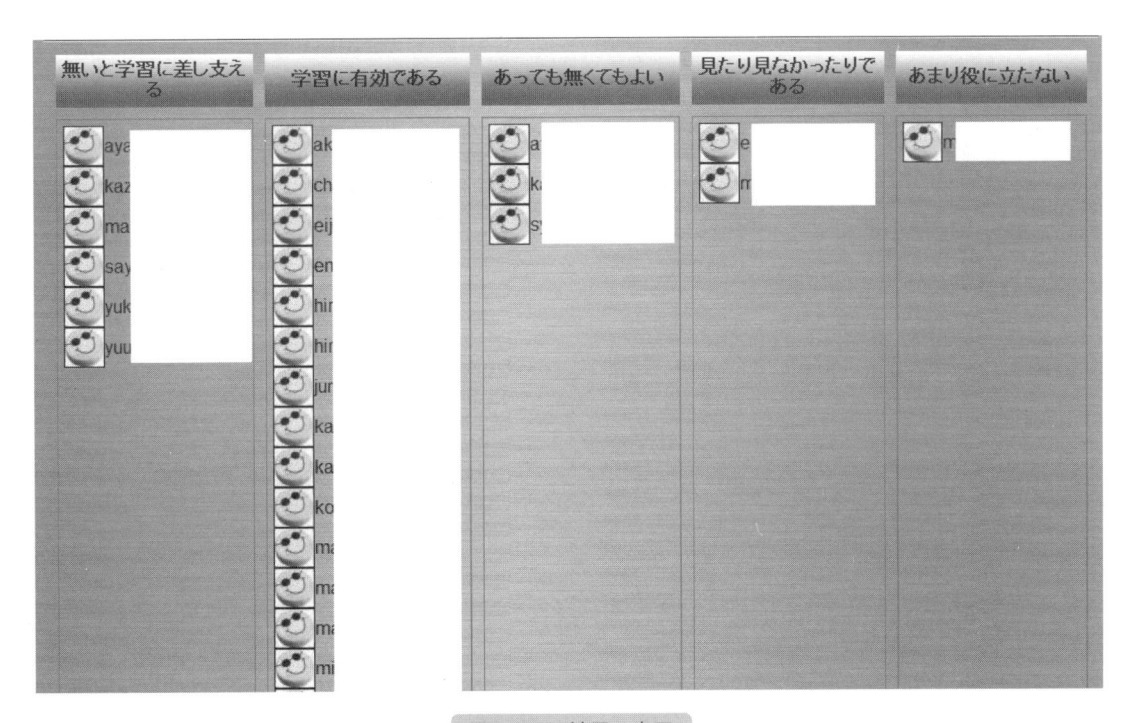

図 2-43　結果の表示

投票数と投票者の氏名がレポートされます。

■ 日誌

　学習者が授業に対する評価・感想・質問・反省などを自由に記述できる活動です。教授者は，必要があればフィードバックを与えることができますし，評価もできます。学習者の自己評価基準を育てることに利用できるでしょう。どのタイプの授業においても価値が高いものです。

> **編集手順**　（授業ページより）活動の追加 ➡ 日誌 ➡ 日誌名，日誌問題，期間など必要事項を設定 ➡ 変更を保存する

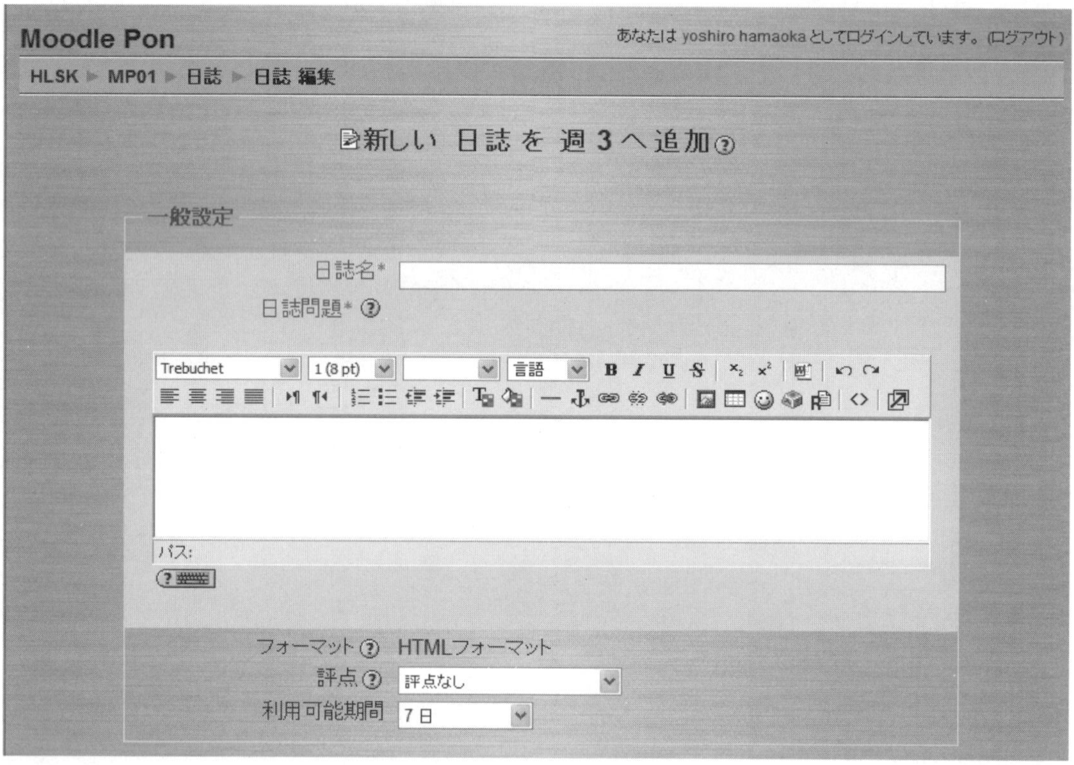

図 2- 44　日誌の設定

　日誌名と内容についての指示を設定します。授業の評価のみでなく，英文の訳を学習者に割り当て，提出させることにも利用できます。「01：英文，01：日本語訳…」のように番号を付けた形で提出させ，一覧画面からすべてをコピーし，エディタなどに貼り付け，ソートすると，番号に沿って整列するので，学習者全員に提示することなどができます。

■ 用語集

教授者だけが関わることのできるものと、学習者も編集できるものがあります。

教授者が作るものは、単語集などを与えるなどの用法も考えられますが、あまり使い勝手はよくありません。学習者に課題として用語集を作らせるという活動は意味があるでしょう。また、少人数のゼミタイプの授業では有用でしょう。「エントリの追加」から内容を追加でき、またその作業を評価することもできます。工夫すればデータの一括入力も可能です。

> **編集手順**　（授業ページより）活動の追加 ➡ 用語集 ➡ 用語集名称、説明、タイプなど必要事項を設定 ➡ 変更を保存する

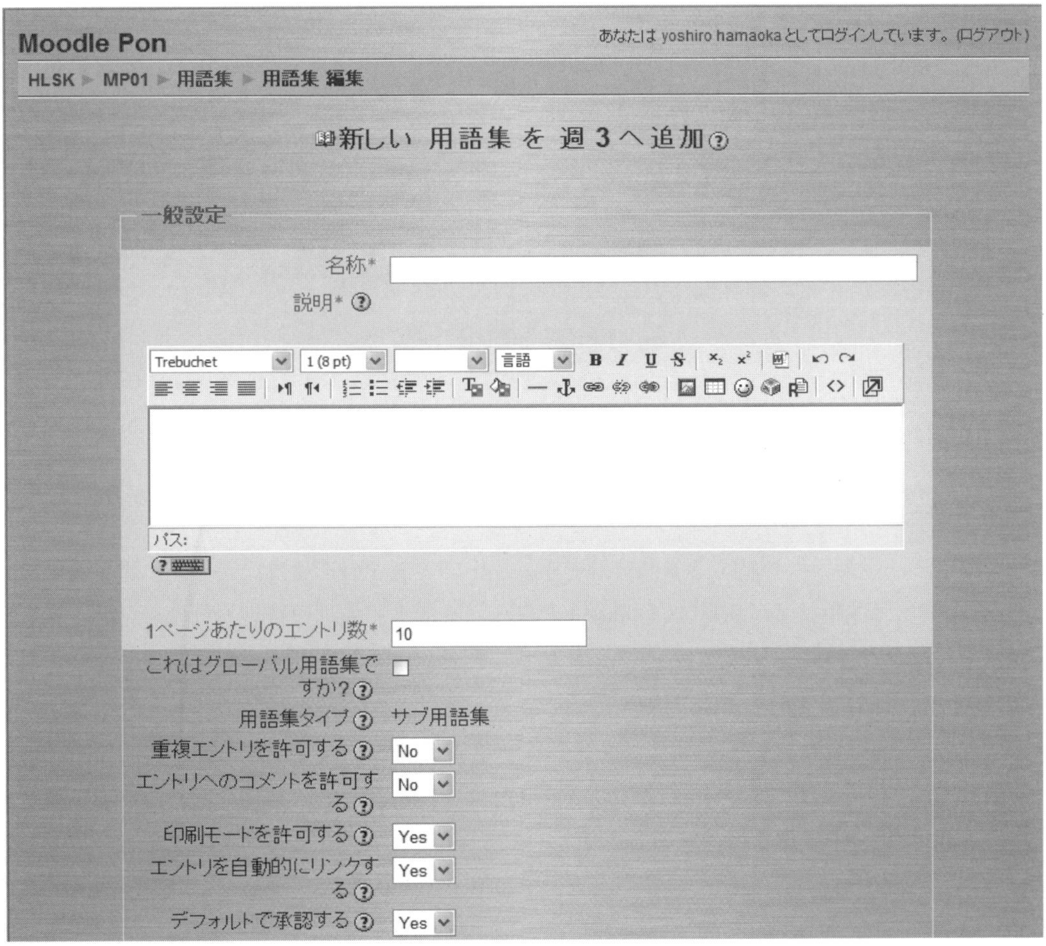

図 2-45　用語集の設定

「名称」、「説明」、「1 ページあたりのエントリ数」を設定します。他の項目も必要があれば設定します。

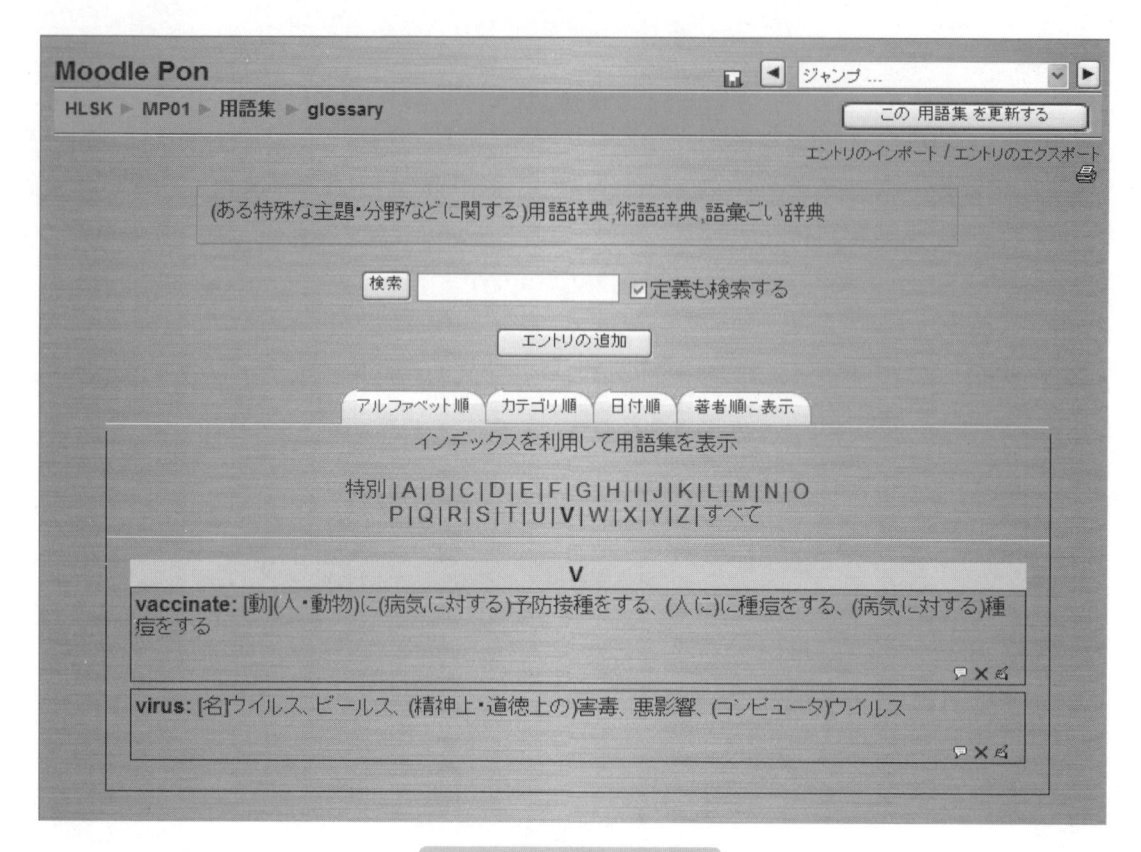

図 2-46 用語集の表示画面

表示画面には，検索機能があります。また，表示の順の変更もできます。

■ 課題

　課題を提示し，受領し，評価するシステムです。提出する課題の形態は，基本的に電子的に扱えるものとなります。電子的なものでないものは，「オフライン活動」で提出管理と評価を行います。提出の記録がきちんと残るので，授受のトラブルを避けられます。また，評価をした時点で記帳されるので迅速です。レポート駆動型，課題駆動型には必須です。

編集手順　（授業ページより）活動の追加 ➡ 課題 ➡ 課題名，詳細など必要事項を設定 ➡ 変更を保存する

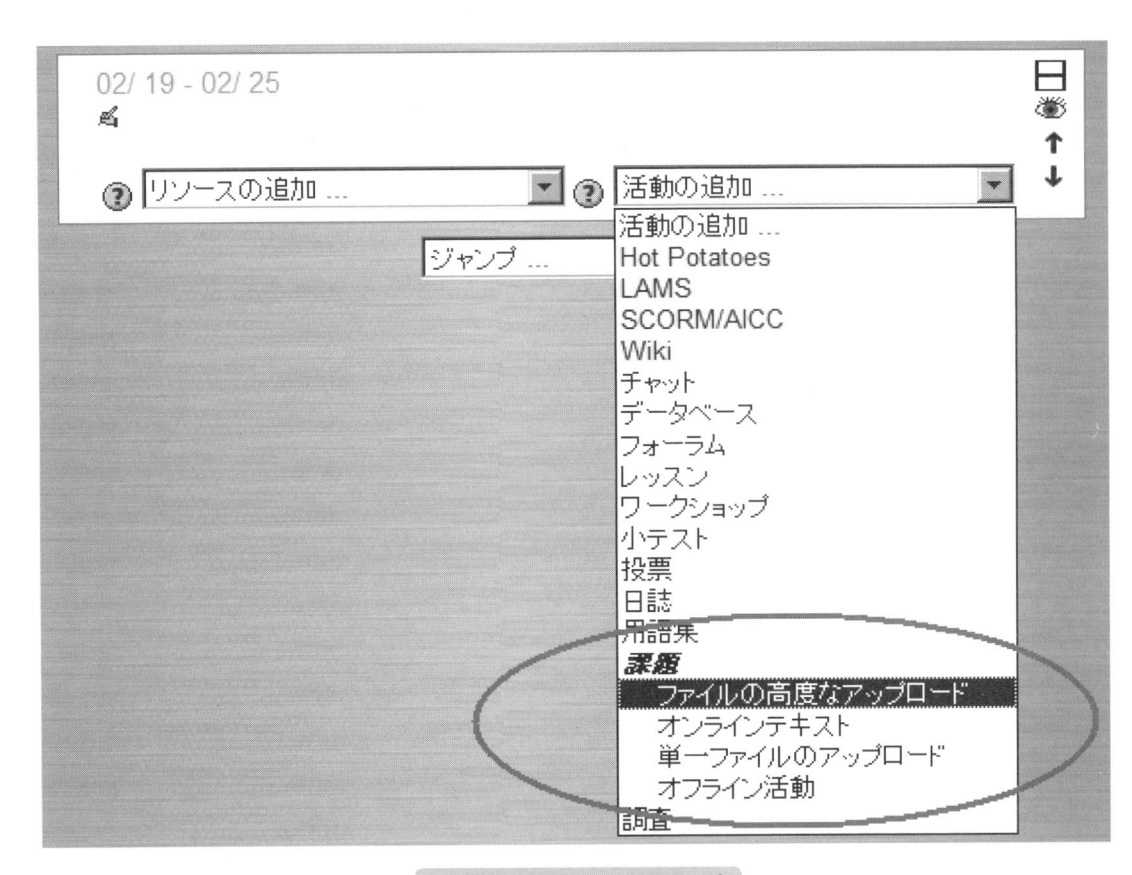

図2-47 課題の4つのタイプ

　ファイルのアップロード形式により「ファイルの高度なアップロード」,「オンラインテキスト」,「単一ファイルのアップロード」,「オフライン活動」の4種類の課題タイプがありますが(図2-47),「オンラインテキスト」が評価処理を迅速にできます。図2-49のように提出された課題を見ながら評点をリストから選択し,コメントも必要であれば入力します。他のタイプは,大きな作品などテキストではない場合に使うことになるでしょう。

図2-48　課題設定画面

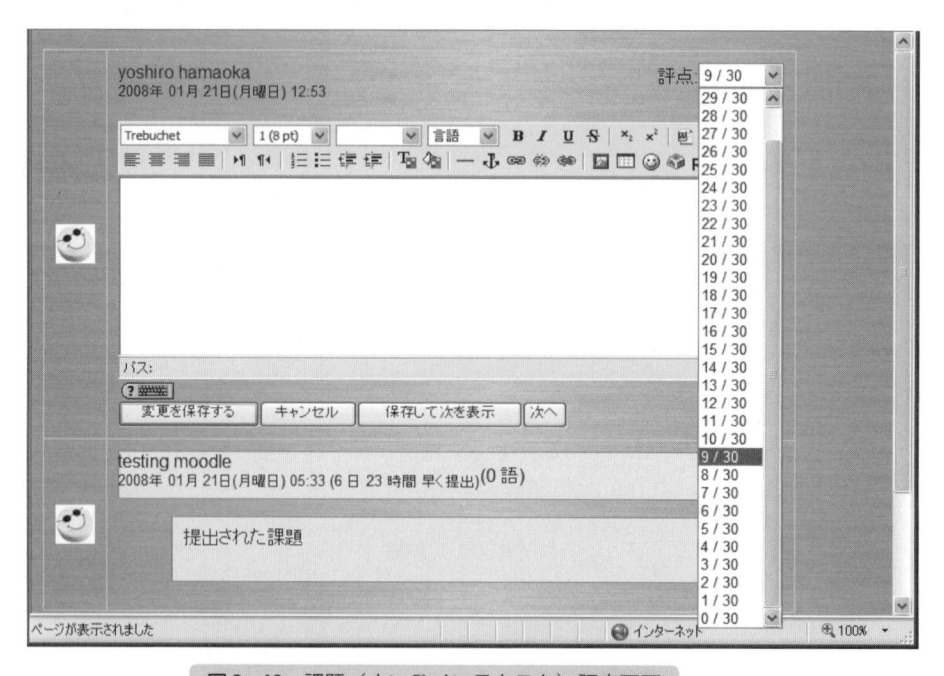

図2-49　課題（オンラインテキスト）評定画面

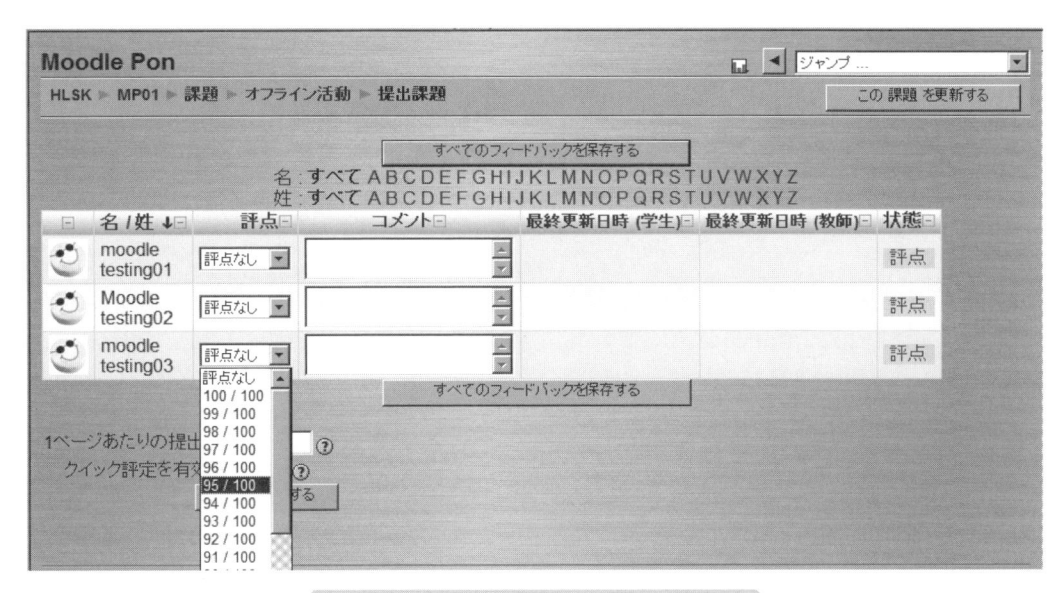

図 2-50　課題（その他のタイプ）評定画面

図 2-49 では，上段は評価とコメント，下段は提出された課題が表示されます。
他の 3 つの型（図 2-50）では，提出管理と評価を行います。

■ 調査

Moodle の開発者が研究する理論に基づく調査方法です。使用する場合には十分に研究して使用してください。ここでは解説しません。

第3章　運営の要件

本書の内容に沿って運用をするには，ハードウェアと Moodle 環境が存在することが前提です。大方のネット環境は条件を備えていると思いますが，念のために概要を示します。

その他の運営に必要な機器・ソフトウェアについても記述します。

3.1　学内 LAN

学内 LAN があり，インターネットが利用可能であること。もちろん学習者が使用するコンピュータも人数分あり，そこにインターネットエクスプローラ，Word，Excel は入っている必要があります。

インターネットが利用できなくても運用はできますが，教育資源を導入する容易さ，豊富さのためには必要です。

これらはどのネット環境でも充足されていると思います。

3.2　Moodle

本書は Linux 上で運用されている Moodle 1.8.2 +（2007021520）を基に記述しています。1.6 以降のものであれば問題はありません。それ以降の版は多少の機能の改良が加えられていますが，基本は変わりません。1.6 より前のものは文字コードの取り扱いが違います。

Moodle サーバの処理能力については Moodle のサーバ運用に関する書籍（第 4 章 69 ページ参照）や Moodle のヘルプやフォーラムを参照するとよいでしょう。基本的には，できるだけ多くメモリーを積むとよいでしょう。

Moodleを利用する形態は，すでに学内にMoodleが稼働している，自分でサーバを立てる，外注するなどが考えられます。

すでにMoodleが稼動している場合，情報センターなどが管理をしており，利用に関する情報が示されているはずなので，それを参照し利用します。

学内LAN＋インターネット接続環境があれば，**自分でサーバを立てる**方法もあります。学校の内外どちらにおいても使用可能です。

自分がすべてを管理する場合は，かなりのIT関連知識・技能を必要とします。学内にサーバを置けば，セキュリティーは学校のファイアーウォールに任せることができますが，学外サーバのセキュリティーを自前で確保するのは荷が重いでしょう。Linux関連書籍，Moodleの管理者マニュアル，Moodle運用の参考書などをご覧ください。

外注すると費用はかかりますが，外部運用サービスはサーバ自体のメンテナンス，Moodleシステムの保守まで依頼できます。さらにはコースコンテンツの作成を依頼できるところもあります。ネットで検索すると様々な形態の運用サービスが見つかります。

3.3 データサーバ

学内外を問わず，ネットワークのどこかに，画像・音声などのファイルを置いておく自分のスペースが必要です。なくても運用はできますが，面倒が多くなります。

Moodleからそのサーバにアクセスして必要な画像・音声などを利用します。学内に置く場合は，情報センターなどに問い合わせてください。学外に置く場合は，3.2の自分でサーバを立てる，外注するなどの説明に準じます。

■ 利用環境概念図

Moodle／データサーバ，教材作成用コンピュータ，データ作成用コンピュータ，学習者のコンピュータなどの関係を，概念図として次ページに示しておきます。

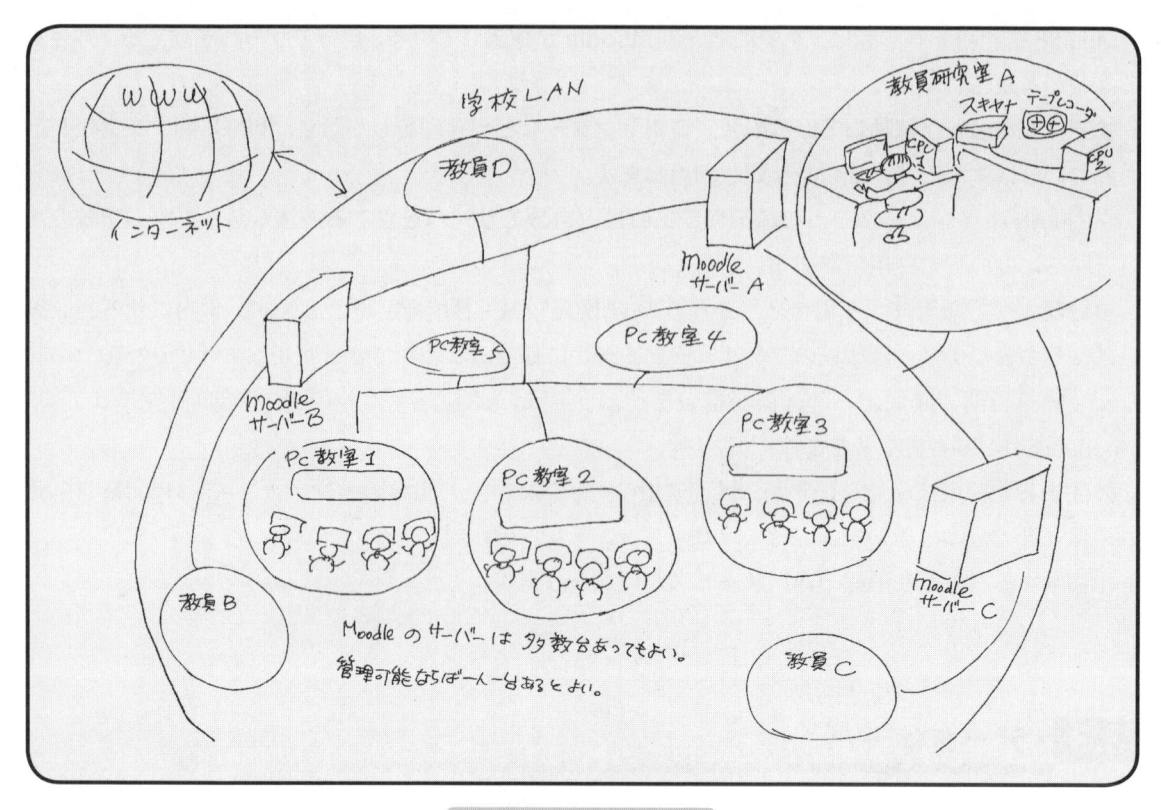

図 3-1 利用環境概念図

3.4 Excel & Word

　本書で触れる Moodle のコンテンツ運用を行うには，運用者は Excel の操作ができること，Word を用いて文書を編集できることが必要です。

3.5 その他の教育資源

　教育資源が得られる URL，フリーの辞書データ，英単語音声データ，利用可能な画像，動画などを持っておく必要があります。日ごろから集め，整理して，いつでも利用できるようにしておくとよいでしょう。ほんの一例ですが挙げておきます。

■ 英文テキスト等

Project Gutenberg　　　http://www.gutenberg.org/catalog/

Heinle's Newbury House Dictionary of American English	http://nhd.heinle.com/
Fact Monster	http://www.factmonster.com/
eigozai	http://www.eigozai.com/

■ フリーの辞書データ

GENE95 辞書	http://www.namazu.org/~tsuchiya/sdic/data/gene.html
JMDict	http://www.xucker.jpn.org/pc/stardict_install.html
TheFreeDictionary	http://www.thefreedictionary.com/

■ 英単語音声データ

JMDict 見出し語 Wav 音声ファイル	http://www.vector.co.jp/soft/dl/data/edu/se337969.html

■ 利用可能な画像

fotosearch	http://www.fotosearch.com/photos-images/teaching.html

■ 動画

Encyclopedia	http://www.encyclopedia.com/
National Geographic	http://video.nationalgeographic.com/video/

CD-ROM 版の英語百科事典には，解説音声付きの動画が多く含まれています。

3.6 その他の機器及びソフトウェア

　教育用のデジタルデータを作成するために，いくつかの機器及びそれに関わるソフトウェアが必要です。それぞれの手順については別項で説明します。

■ 音声をデジタル化する

　音声はカセットテープあるいは CD で供給されることが多いのですが，これをコンピュータでデジタル録音のし直し，あるいはデータ変換をします。また，WAV ファイル（Windows 標準の音声ファイル）を mp3 ファイルに変換する（ファイルサイズが小さくなる）ソフトも使用します。ファイルの利用に際しては著作権に留意する必要があります。

　次に，フリーの関連ソフトを挙げます。

Audacity（音声編集）	http://audacity.sourceforge.net/
SoundEngine Free（音声編集）	http://www.cycleof5th.com/products/soundengine/

Cdex（CD 変換）　　　　　　http://cdexos.sourceforge.net/

午後のこ～だ for Windows　　http://www.marinecat.net/free/windows/mct_free.htm#WINGOGO
（mp3 への変換）

■ テキストをデジタル化する，画像データを作成する

　印刷物であるテキストを，文字・画像ともにデジタル化します。Web 上のテキスト・画像はそのまま利用できます（著作権については留意してください）。

　画像処理ソフトウェアはフリーのもので十分ですが，OCR[注]は定評のある商用のものを使用すべきです。英文用なら OmniPage，日本語用ならば Docuworks をおすすめします。

OmniPage　　　　　　　　　http://www.hulinks.co.jp/software/omnipagewin/

Docuworks　　　　　　　　 http://www.fujixerox.co.jp/soft/docuworks/

　スキャナの付属ドライバソフトを導入してから OCR ソフトウェアをインストールします。これらはそれぞれについている説明書の手順を踏みます。

　次表に，データの種類と処理に関わる機器・ソフトウェアをまとめました。

種類	媒体	機器	ソフトウェア
音声	テープ	カセットレコーダ＋PC	音声編集ソフト（SoundEngine Free など）
	CD	PC＋付属 CD プレーヤ	CDex などの音声抽出ソフト
	Web	そのままダウンロード	音声編集ソフト
テキスト・画像	紙	スキャナ	OCR ソフト（Omnipage, Docuworks など）
	Web	そのままダウンロード	画像処理ソフト（Adobe Photoshop など）
写真	紙	スキャナ	画像処理ソフト（Adobe Photoshop など）
	—	デジタルカメラ	

■ データをサーバへ転送する

　画像・音声などのデータは Moodle 自身に埋め込むのではなく，リンクを張って利用します。自分のデータが置いてある教員用データサーバへ送るときに使うのが FFFTP などの FTP クライアントです。FFFTP はフリーソフトです。

FFFTP　　　　　　　　　　 http://www2.biglobe.ne.jp/~sota/ffftp.html

■ コンピュータの業務を分ける

　コンピュータはデータ作成用と教材作成用の最低 2 台は欲しいところです。教材データのスキャンや変換をしている間にも教材作成が効率よくできます。データ作成用のものは 2～3 年前のコンピュータでも大丈夫です。

（注）OCR（Optical Character Reader）：スキャナで画像として取り込んだものを，Word などで編集できるようテキストデータに変換するソフトウェア。

第 4 章　運用を始めるにあたって

わからないことがあったら，まずヘルプをご覧ください。Moodle に関する書籍も参考になります。日本語のもの 1 冊，英語のもの 3 冊を確認しています（下の枠内を参照）。

　Moodle が教育機関のレベルで稼働している場合は，学内のマニュアルなども存在するはずです。

　人に聞くのは最後にしましょう。業務で関わっている人でも，基本的なことを何遍も聞かれると煩わしいものです。

井上博樹，奥村晴彦，中田 平『Moodle 入門―オープンソースで構築する e ラーニングシステム』海文堂出版 (2006)

William Rice, "Moodle E-learning Course Development", Packt Publishing (2006)

William Rice, "Moodle Teaching Techniques : Creative Ways to Use Moodle for Constructing Online Learning Solutions", Packt Publishing (2007)

Jason Cole, Helen Foster, "Using Moodle (2nd Edition)", O'reilly & Associates, Inc. (2007)

4.1　ヘルプの見方

　Moodle について，Moodle Docs では管理者レベル用から教師用のヘルプまでそろっています。よく読めば大体わかります。

　しかし，コンピュータに詳しい人が作成したものなので，一般の人にはわからないところもあります。コンピュータのスキルは人によって様々ですので，Moodle 関連のものだけでなく，必要に応じて現在までに出版されているコンピュータ関連書籍も参考にしましょう。Windows の基本から Excel の用法，さらに Moodle 関連と，個人個人のスキルの差がありますので，自分の知りたい内容の書籍を利用します。

ヘルプの主要部分は日本語化されていますが，使用頻度が少ないと考えられるものは英語のままなので，わかりにくい部分もあります。また逆に，日本語訳がこなれていないためにわかりにくい場合は，元の英語に当たる必要もあります。

■ 管理者レベル

Moodle の各操作ページの下部に，？マーク（ヘルプアイコン）とともに「このページの Moodle Docs」というボタンがあり，ここから参照します。ここには主に管理に関係する説明があります。

■ 教師レベル

コースの中へ入り，どの項目でもいいので？マークが表示されているのを見つけ，クリックします。出てきたページの一番下に表示されている「**全ヘルプファイルのインデックス**」をクリックすると，ヘルプの総見出しが出てきます。各項目の機能や設定に関するヒントがあります。Moodle の使用に関する説明はここから得るとよいでしょう。

4.2 共通のアイコン

Moodle で何らかの処理をする場合には，アイコンをクリックしてその処理を開始します。各アイコンはマウスポインタ（画面上の矢印）を近づけると説明の吹き出しが表示されます。大体はこれでわかりますが，わからない場合は近くにある？マークをクリックします。するとヘルプが出現します。ここで，よく出てくるアイコンを解説します。

■ アイコンの解説

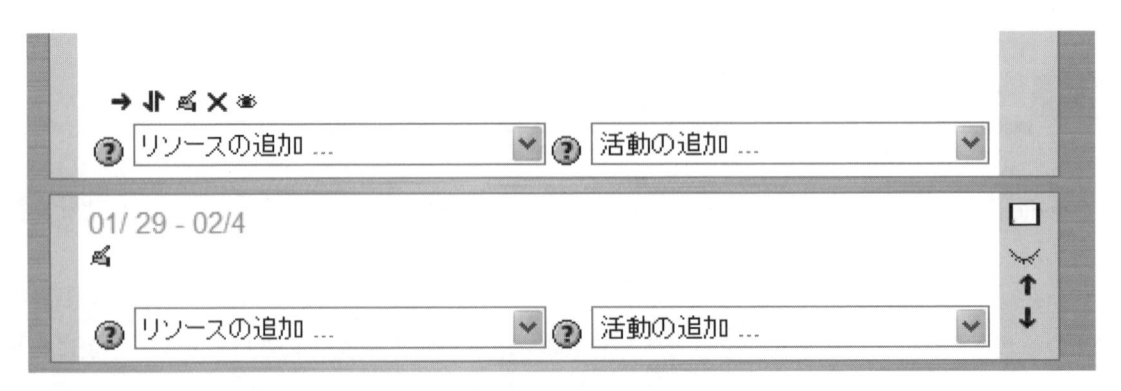

図 4-1 アイコンの図（その 1）

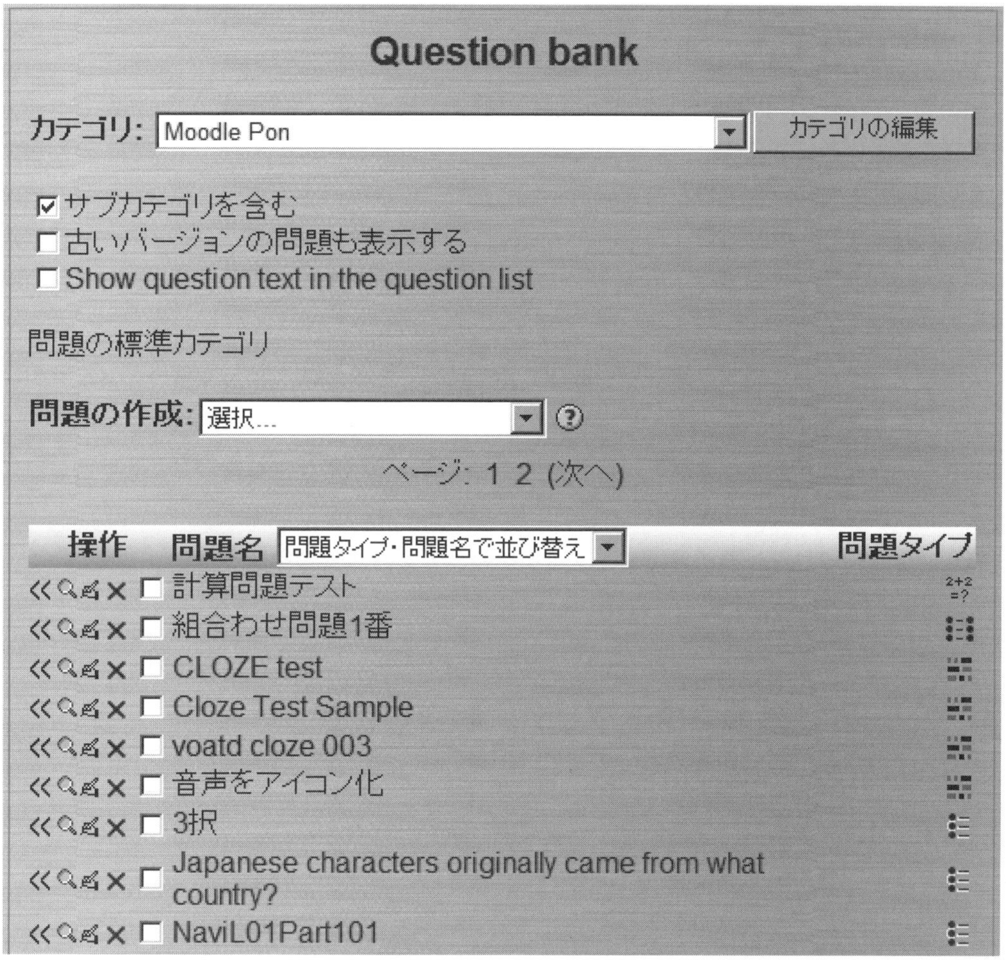

第4章　運用を始めるにあたって

Question bank

カテゴリ: Moodle Pon　　カテゴリの編集

☑ サブカテゴリを含む
☐ 古いバージョンの問題も表示する
☐ Show question text in the question list

問題の標準カテゴリ

問題の作成: 選択... ?

ページ: 1 2 (次へ)

操作	問題名	問題タイプ・問題名で並び替え	問題タイプ
≪🔍✎✗ ☐	計算問題テスト		2+2=?
≪🔍✎✗ ☐	組合わせ問題1番		
≪🔍✎✗ ☐	CLOZE test		
≪🔍✎✗ ☐	Cloze Test Sample		
≪🔍✎✗ ☐	voatd cloze 003		
≪🔍✎✗ ☐	音声をアイコン化		
≪🔍✎✗ ☐	3択		
≪🔍✎✗ ☐	Japanese characters originally came from what country?		
≪🔍✎✗ ☐	NaviL01Part101		

図4-2　アイコンの図（その2）

⇅	その項目を移動します
→	右へインデントします
↑↓	各授業ページや項目を上下に移動，または入れ換えをします
✎	その項目を編集します
✗	その項目を削除します
👁 〜	開いた目をクリックすると非表示に，閉じた目をクリックすると表示になります
🔍	プレビューを表示します（Question bank）
?	ヘルプです
☐	チェックすると，その項目が有効あるいは選択された状態になります

4.3 作業上の注意

　何でも初めて使い始めるのは抵抗があるものですが，コンピュータの場合，余程のことがない限り，壊れたりしません。また，データなども修復が効いたり，事前にバックアップを取っておけば被害を最小に収められます。

　コンピュータで作業をする際に，最低限すべきことを記しておきます。大体この3点をおさえておけばよいでしょう。

① 大切なデータは必ずバックアップを取っておくこと。できれば2種類ぐらいのメディアに取っておく（1つは外付けの違うハードディスクにコピーし，もう1つはCD-Rに焼いておくなど）。

② 慣れない作業はメモをとるなど，自分が何をして現在の結果が生じたのかがわかるようにしておく。

③ 新しい作業に取り掛かるときは，サンプルを作って十分に練習をする。

4.4 Moodle以外のソフトウェア・機器の操作

　教材の作成には様々な機器やソフトウェアを利用します。ほとんどは

① データをデジタル化するため
② デジタル化したデータを加工するため
③ できあがったデータを送信するため

のものです。細かい手順はそれぞれのマニュアルを参照しましょう。しかし，マニュアルを読んで理解するのが難しい場合は，詳しい人に尋ねてください。喜んで教えてもらえるように普段から十分な人間関係を作っておくことも必要です。

学期開始前準備 実況中継

　第3章で述べた運営の要件を満たした環境ができているとした上で，学期開始前に行う作業を実況します。

シラバスの設定（新学期の始まる半年ほど前）

　シラバスの作成・記述を始めます。構成を考えて教科書選定をし，シラバスを記述していきます。ここはe-learningでも変わるところではありません。
　しかし，テキストに含まれている問題などがMoodleのシステムに入れて使える形式かなども検討して教科書を選ぶ必要があります。教授用データのデジタル化はこの段階から始まります。テキストの特徴，目次などは，テキストのデジタル化が終わっていればシラバスを記述する際に助けになります。まだ授業開始まで半年あるので，大まかにデジタル化し準備を始めます。

新学期の教材準備（学期終了後）

　新しい教科書を使用しコースを組み立てる場合は，必要な音声，テキスト，画像，単語リストなどを作成し，統一の取れたファイル名を付けてデータサーバに送り，所定のフォルダに保存します。
　その後，問題をMoodleに設定するために作成します。単語テスト，穴埋め問題（Cloze），綴りの問題などそれぞれの形式で編集し，こちらも統一の取れたファイル名を付けます。その後，MoodleのQuestion bank（問題保存庫）に問題を設定します。一度設定すれば，設定した問題データが消えるなどのトラブルのない限り何回でも利用できます。

コースの設定（新学期前）

　Moodle内へ新コースを設定し，コース内の各授業単位ページに指示を記述します。さらにQuestion bankから指定して問題を設定します。
　授業ページの設定は，学期中のすべてをこのときに済ませる必要はありません。学習者の状況に合わせて，随時，調整します。

コースのインポート

　すでにコースを組み立てた教科書を再び使う場合には，新年度の枠組みに旧コースをインポートし，体裁を整えます。各回の指示文やテストの期日指定，資料のリンク切れ調査など必要な作業をします。また，難易度など調整が必要であれば施します。

第5章 コース設定の流れ

　Moodle の管理者からコース設定の権限のあるアカウントを受領します。そのアカウントを使ってログインし，次の手順を踏みます。

編集手順 （Moodle サイトの）トップページのサイト管理より ➡ コース ➡ コースの追加/編集 ➡ コースカテゴリ

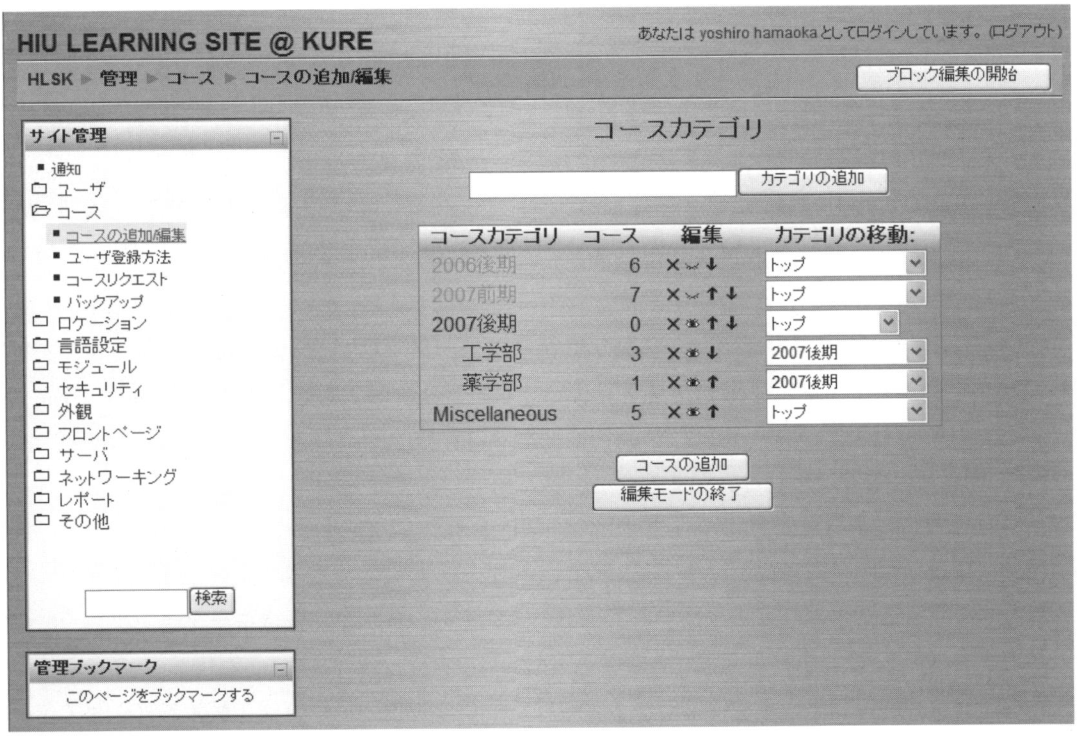

図 5-1　コースカテゴリ

まず，どのコースカテゴリの下にコースを作るかを決定します。既設の Moodle で管理者がいる場合は，すでにカテゴリはできているので，新たにコースを作りたいカテゴリを選ぶだけです。自分が管理者の場合，適切なカテゴリを設定することができます。筆者の場合は，前ページの図 5-1 のように，年度・学期，学部，その他となっています。コースカテゴリのプルダウンメニューを操作して，目的のカテゴリへ行き**「コースの追加」**をクリックし設定画面へ進みます。

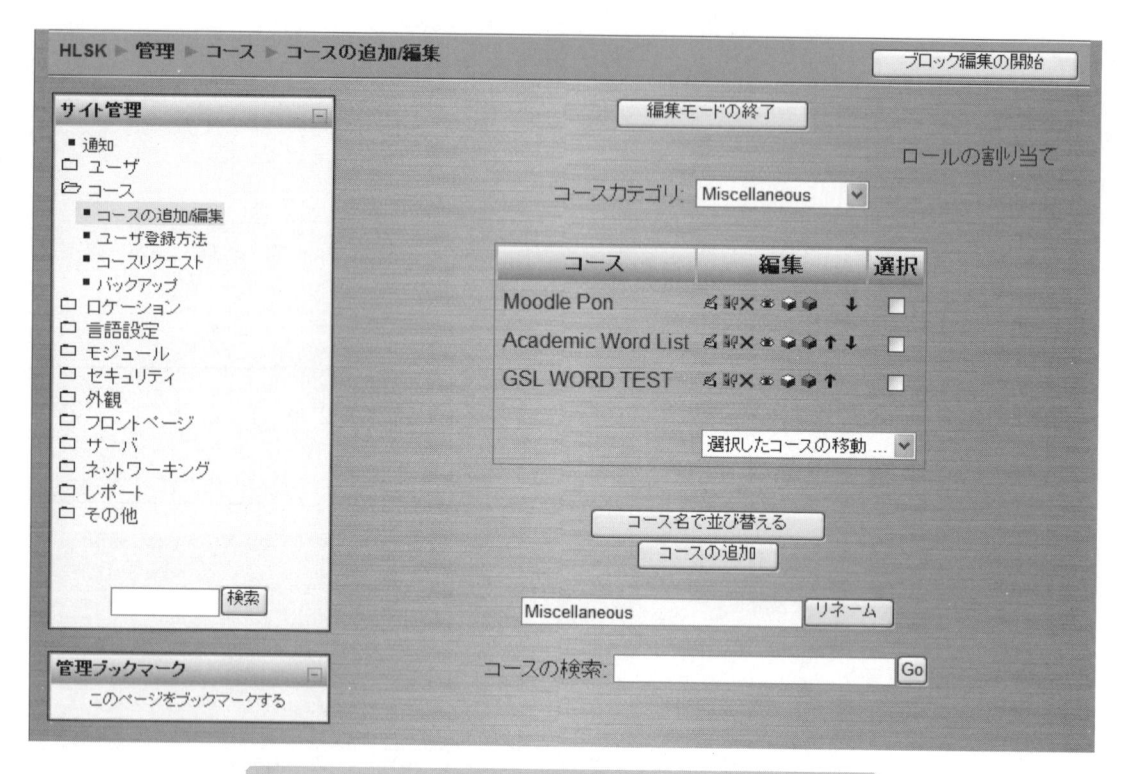

図 5-2　コースカテゴリから「Miscellaneous」カテゴリを選択

　コース設定の一般設定で**カテゴリ，名称，省略名，コース ID ナンバー，要約**を入力します（図 5-3）。**フォーマット**は，通常ウィークリーフォーマットです。**週／トピックの数**は半期の場合，15 コマ＋3 ～ 5 コマ程度ですが，休日などが入ることで**コマ数**が変わります（初期値を適宜変えてください）。**開講日**は講義の初日となります。
　ユーザ登録方法の**登録可能期間**は，サイトの実情に合わせて 1 週間～ 2 週間に設定します。利用有効期間は講義の期間が妥当なところでしょうが，実情に合わせてください。
　登録キーを用いた学生の登録方法については 5.2.3 で説明しますが，**登録キー**を適切なものに設定しておきます（図 5-4）。任意の文字，数字を入力します。筆者の場合はコース ID をそのまま使っています。コース参加者でない者が授業の様子を覗けるように設定したければ，**ゲストアクセス**を可にします。

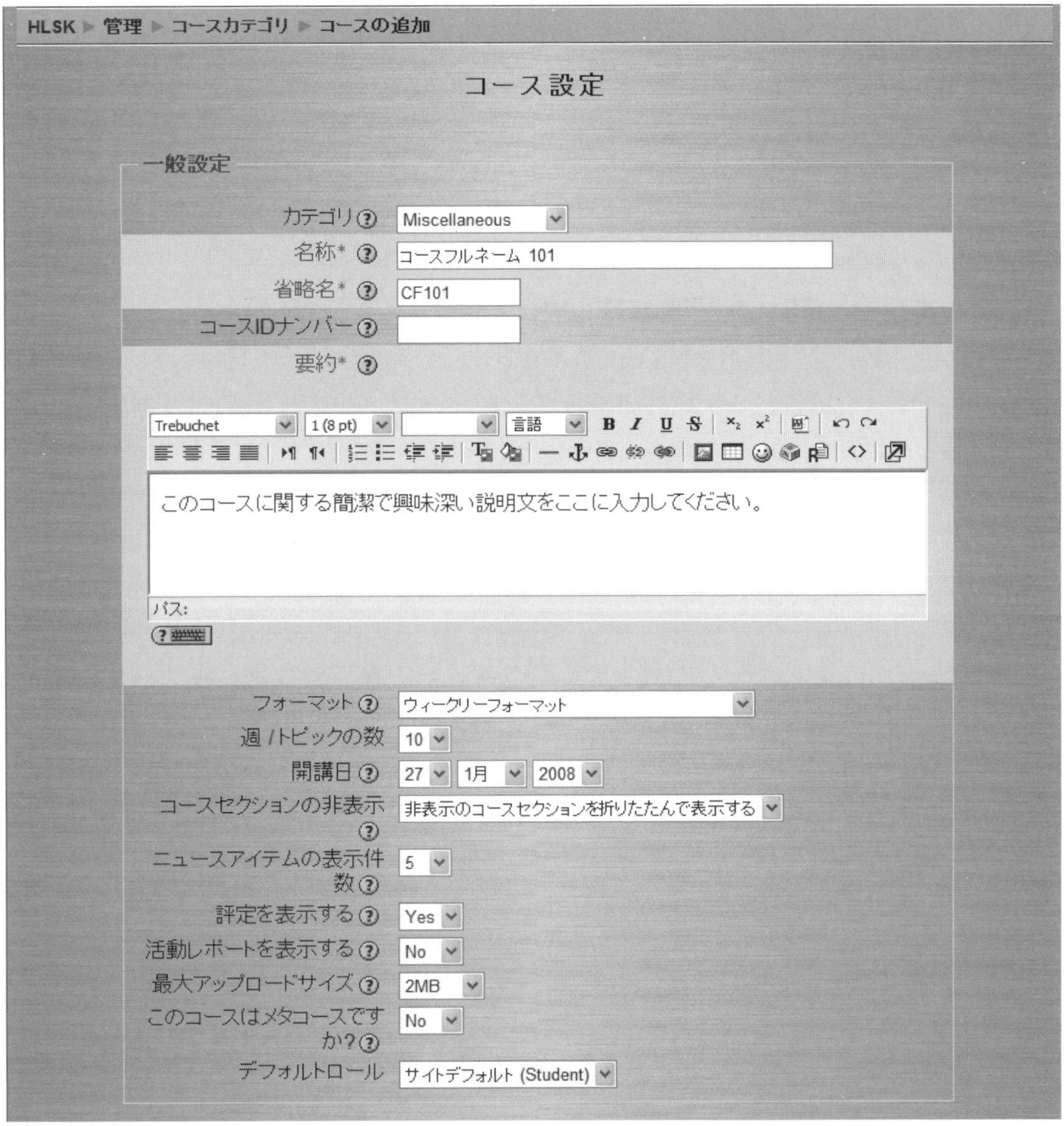

図5-3 コース設定画面

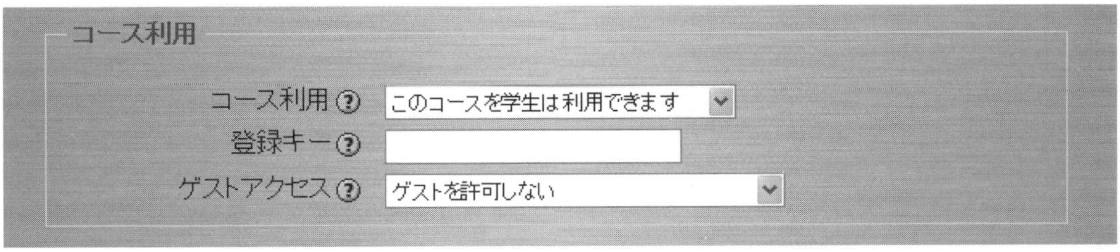

図5-4 登録キー

5.1 アカウントの取得

■ Moodle がすでに設置してある場合

Moodle の管理者から Course creator（コース作成者）のアカウントをもらいます。これで，コース，授業の設定ができます。

■ 教授者自身が Moodle サーバを管理している場合

自分が管理者ですから，教授者としての自分を管理者として登録することになります。管理者アカウントのユーザ名は「admin」，パスワードはインストール時に設定したものです。新たにアカウントを作成するのが面倒な場合は，管理者のアカウント「admin」で仕事をしてもかまいません。

教師アカウントを設定する場合は，サイト管理のユーザの追加（図 5-5）よりユーザ登録をしてからコースに教師を割り当てます。ロール（役割・権限）は登録ユーザの中から選択して割り当てるので，まず「ユーザの追加」が必要です。ユーザの追加は以下の手順を踏みます。

> **編集手順**　トップページのサイト管理より ➡ ユーザ ➡ アカウント ➡ ユーザの追加 ➡ 編集作業 ➡ プロフィールを更新する

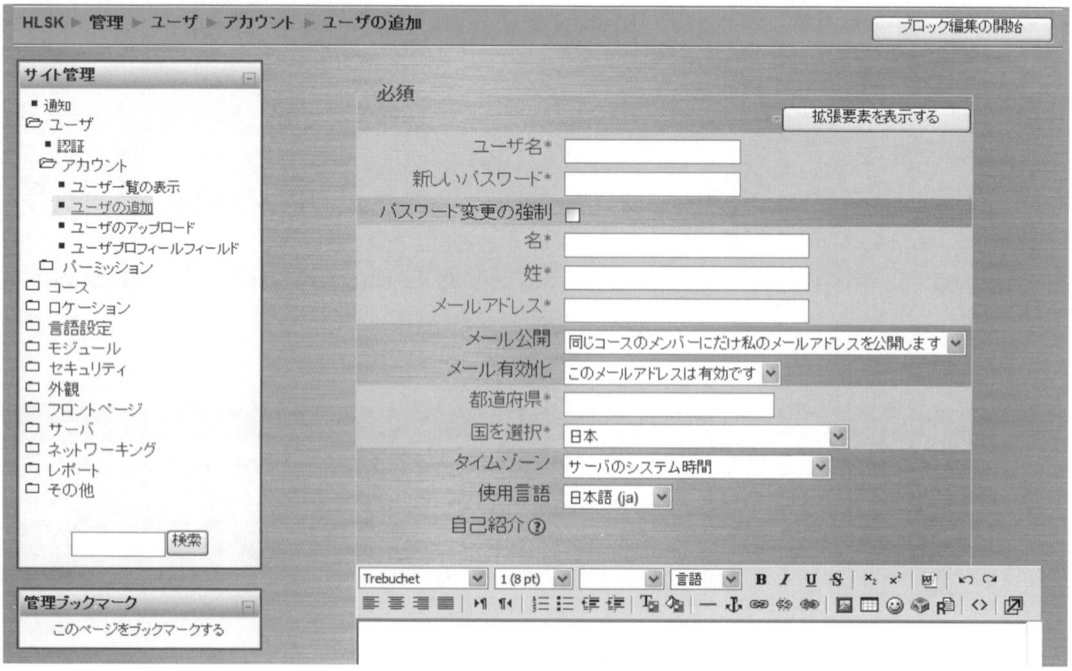

図 5-5　ユーザの追加

第5章　コース設定の流れ

　次に，コースに教師を割り当てます。コースの作成のできるCourse creator（コース作成者）または教員のロールでよいでしょう（次ページの「アカウントとロール」を参照）。

　Course creator（コース作成者）に，教師のhamaokaを割り当てる方法を説明します。まず，Course creatorをクリックします（図5-6）。潜在的ユーザの欄にたくさんのアカウントが並んでいますので，下の検索ボックスにhamaokaと教師のアカウント名を入れ検索します。するとこの場合はアカウントが5つ見つかっています（図5-7）。

図5-6　ロールの割り当て①

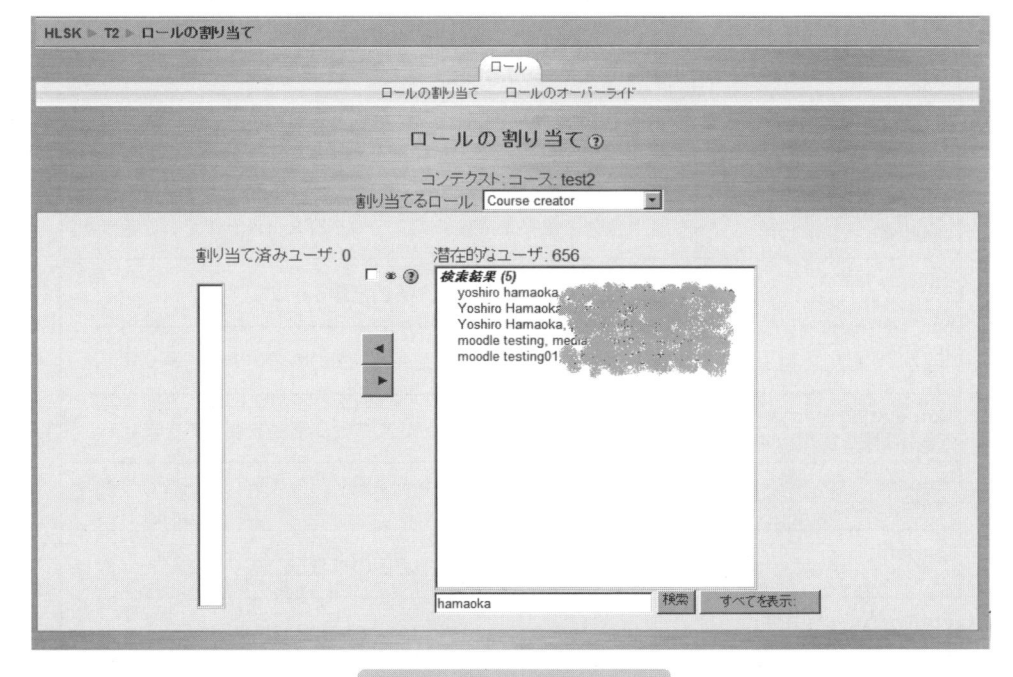

図5-7　ロールの割り当て②

この中からCourse creatorに割り当てるアカウントを選択し（ボタンを押し），割り当て済みユーザに移動します（図5-8）。

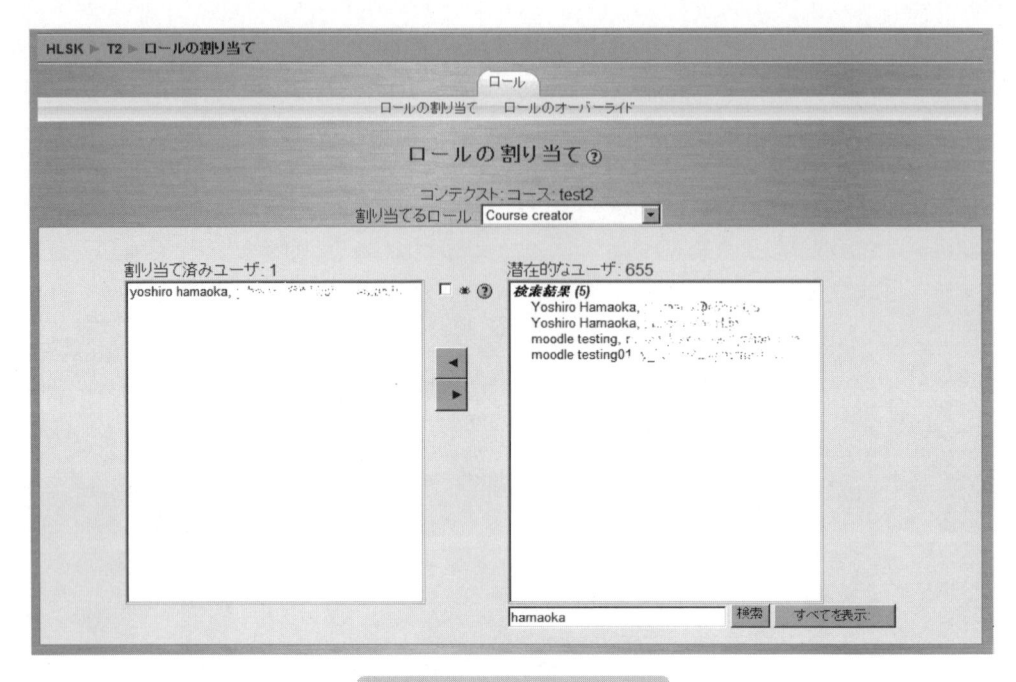

図5-8　ロールの割り当て③

■アカウントとロール

　ユーザアカウントにはロールが割り当てられます。ロールは次表のものがあり，それぞれ与えられた権限が違います。通常の運営では意識しなくてもよいでしょう。

Administrator（管理者）	サイト全体に権限を持ちます。すべてのコースで何でもできます。
Course creator（コース作成者）	新しいコースを作成し，教えることができます。
Teacher（教員）	活動の作成，学生の評価など，コースの中で何でもできます。
Non-editing teacher（編集権限を持たない教員）	コースで教え，学生を評価できますが，活動を変更できません。
Student（学生）	コースに参加し，学習活動を行います。システムに関しての権限はありません。
Guest（ゲスト）	許可されたコースを閲覧する程度の権限しかありません。
Authenticated user（ログインしたユーザ）	Moodleシステムにログインしたユーザを指します。

■ 一括でユーザを登録する

Moodle を利用する他の教員や学生を一括して登録することができます。

ファイルから一括でユーザを登録するためには，**必須フィールドである username, password, firstname, lastname, email** の入った CSV ファイルを作成します（図 5-9）。Excel で 1 行目に必須フィールドの項目名を入力し，2 行目からユーザの情報を入力します。

Excel での手順は，まず，必須フィールドを含んだシート（図 5-9）を作成し，ユーザのデータを入力します。

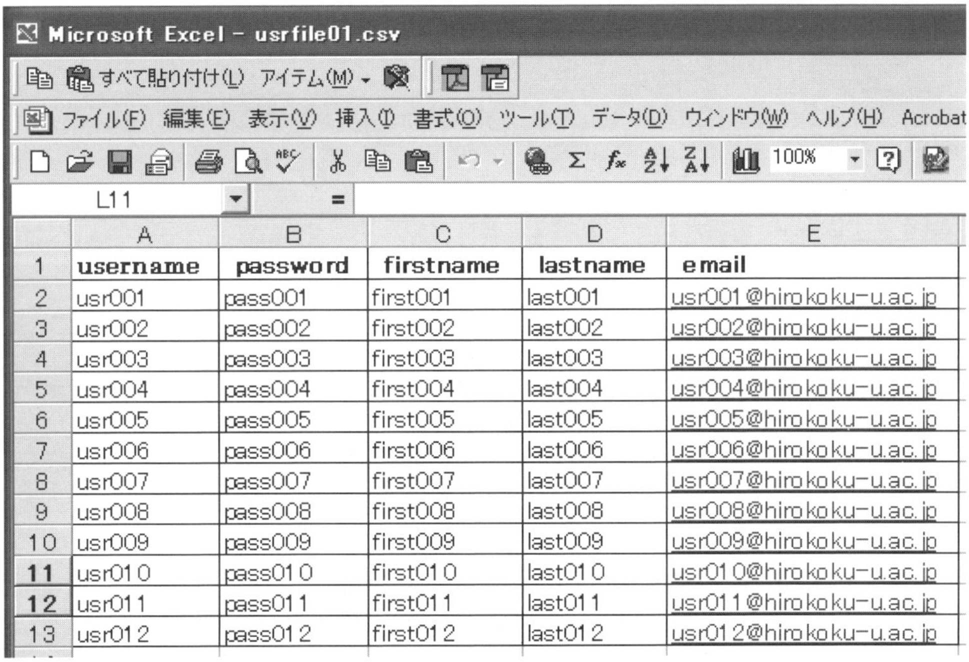

	A	B	C	D	E
1	username	password	firstname	lastname	email
2	usr001	pass001	first001	last001	usr001@hirokoku-u.ac.jp
3	usr002	pass002	first002	last002	usr002@hirokoku-u.ac.jp
4	usr003	pass003	first003	last003	usr003@hirokoku-u.ac.jp
5	usr004	pass004	first004	last004	usr004@hirokoku-u.ac.jp
6	usr005	pass005	first005	last005	usr005@hirokoku-u.ac.jp
7	usr006	pass006	first006	last006	usr006@hirokoku-u.ac.jp
8	usr007	pass007	first007	last007	usr007@hirokoku-u.ac.jp
9	usr008	pass008	first008	last008	usr008@hirokoku-u.ac.jp
10	usr009	pass009	first009	last009	usr009@hirokoku-u.ac.jp
11	usr010	pass010	first010	last010	usr010@hirokoku-u.ac.jp
12	usr011	pass011	first011	last011	usr011@hirokoku-u.ac.jp
13	usr012	pass012	first012	last012	usr012@hirokoku-u.ac.jp

図 5-9　登録用 CSV ファイル

「ファイル」メニューより「名前をつけて保存」を選択し，「ファイルの種類」は「CSV（カンマ区切り）」を選びます（図 5-10）。

適当なファイル名を付け「保存」をクリックします。これで登録用のファイルができます。

図 5-10　登録情報ファイルの作成

ユーザを一括で登録する方法を説明します。

まず，管理者権限（ユーザ名：admin）で，Moodle にログインします。次に，以下の手順で登録します。管理者権限がない場合は管理者に依頼します。

編集手順　トップページのサイト管理より ➡ ユーザ ➡ アカウント ➡ ユーザのアップロード ➡ ファイルを選択 ➡ 「ユーザのアップロード」をクリック

第 5 章　コース設定の流れ

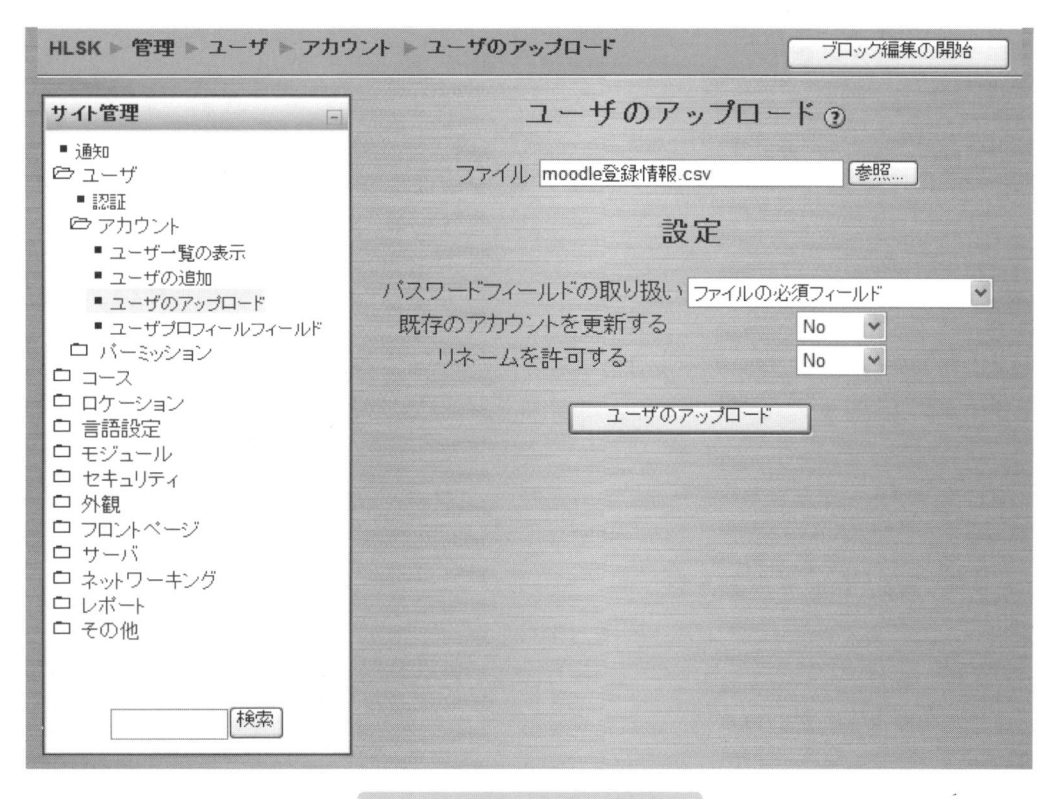

図 5-11　ユーザのアップロード

　ファイルの入力欄へは，参照ボタンを使って登録情報の入った CSV ファイルを探して指定します。他の部分は必要に応じて変更しますが，そのままでかまいません。

5.2　コースの作り方

　コースの設定・管理は教師の権限ですが，サイト全体でコース名の記述フォーマットは統一すると体裁がよいでしょう。既設の Moodle の場合は，利用する Moodle サイトのマニュアルを参考にしましょう。
　自らが Moodle サイトの管理者を兼ねている場合，コースカテゴリ，コース名称，コース省略名，ID ナンバーなどサイト全体に関わることは後々にも響くので，慎重に計画を立ててください。カテゴリを，学部，学年，科目などのどれにするのかは，どのような規模，領域で利用するかで変わってきます。コース名称，コース省略名などは公式の科目名との整合性を確かめるべきですし，科目 ID は正式のものがあればそれを利用し，なければ作成しなければなりません。また，サーバは年度をまたがって使用することもありますので，科目 ID に年度を組み入れるとよいでしょう。

5.2.1 コースカテゴリ

　Moodle 管理者，情報センターなどがコースカテゴリを設定してあるはずです。自らが管理者の場合は，全体の構成を考え設定します。たとえば，学部で設定する，科目で設定するなど，サイトの実情にあったものにします。カテゴリの最上位に年度があると，コースの保存上便利です。新年度になったときに，旧年度を非表示処理すれば，旧年度以下のすべてのコースが非表示にできます。

5.2.2 コースフォーマット

　次の2つが主なものです（ソーシャルフォーマットについては Moodle ヘルプを参照してください）。
① 　ウィークリーフォーマット：コースは開始日と終了日が設定された週で構成されます。活動には「利用期間」を設定することができます。通常の学期進行の授業はこのタイプになります。
② 　トピックフォーマット：期限に制約されません。日付の設定は必要ありません。

■ コース内の週 / トピック表示数

　開講日からの授業週数またはトピック数を設定します。これはコースに表示される授業ページ数です。注意したいのは，祝日や冬休みなどの長期休暇がある学期の場合，その分も含めた週の数を設定する点です。幾分多めの数を設定し，余った週や該当しない週は非表示にするとよいでしょう。また，余分な授業ページがあると，自由課題や復習課題を置いておくのに便利です。
　また，コースのインポートを行う場合は，授業ページ数が旧コースにある授業ページ数よりも多くなっていないとうまくいきません。

■ コース開講日

　コースの開講日を設定します。ウィークリーフォーマットの場合，第1週はこの日付から始まります。

5.2.3 学生の登録

　5.1 でユーザの一括登録の方法を述べましたが，コースの登録キーを学生に伝え，初回に登録させる方法もあります。授業開始時に受講者名簿が入手できない場合は登録キーを用いた登録を行うとよいでしょう。
　登録キーを使う方法は，ID やパスワード生成の手間が省け融通が利きます。ただし，ID やパスワードをきちんとメモし，忘れないよう注意させてください。携帯電話にメモを取らせてもよいでしょう。また，姓名の逆転や，漢字とローマ字の混用などの問題が起きることもあります。受講者名簿が入手できるなら一括登録が問題は少ないようです。
　登録キーを用いた学生の登録手順は次ページのようになります。指示して登録させるので記憶しておいてください。

第5章　コース設定の流れ

　図5-12が学生が見るトップページになります。受講するコースをクリックすると，図5-13のページが表示されます。この画面で，右下の「新しいアカウントを作成する」から登録を始めます。

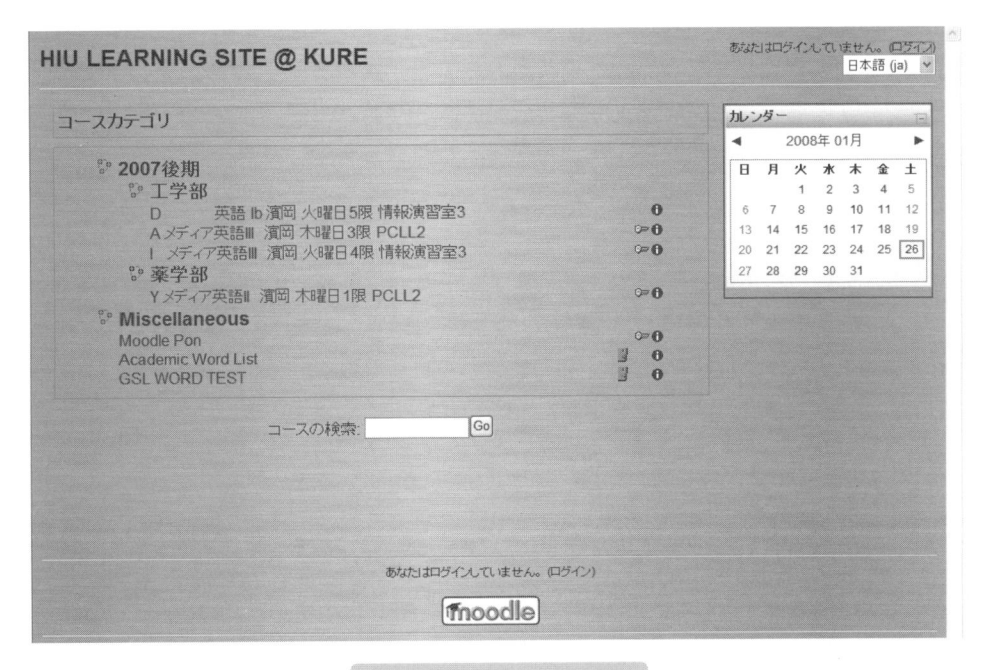

図5-12　Moodle 初期画面

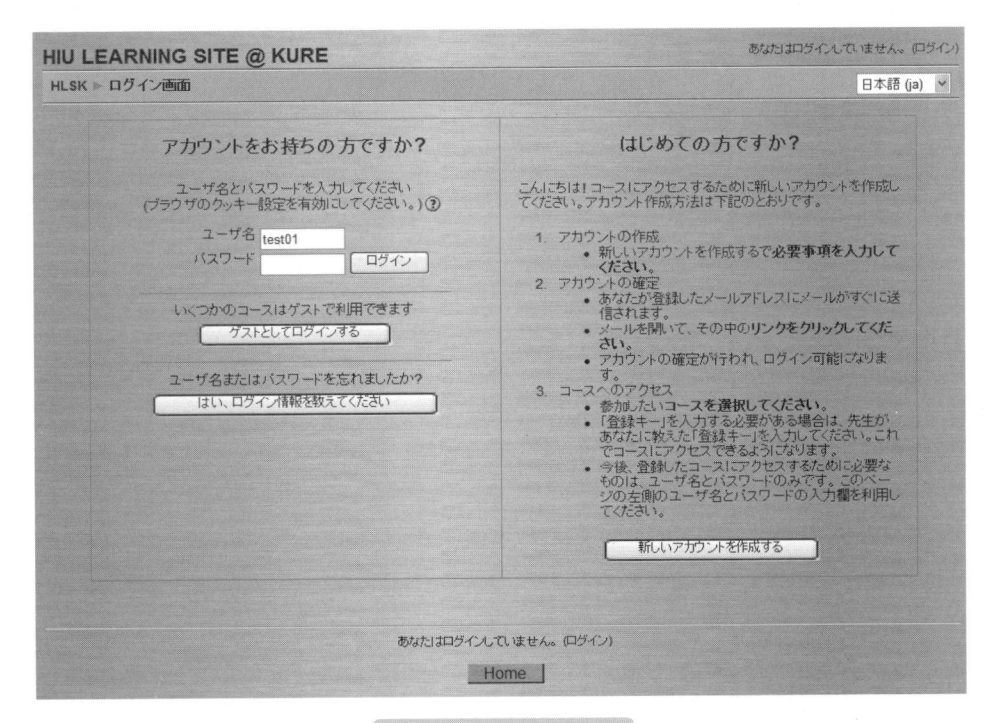

図5-13　ログイン画面

■ アカウントの作成

ログイン画面で「新しいアカウントを作成する」をクリックし（図5-13），登録画面で必要事項を入力させます（図5-14）。メールアドレスは学校で付与したものを登録させます。他のメールアドレスを使用すると学生の管理ができなくなる恐れがあります。氏名はローマ字を用いた方がよいでしょう。漢字だとソートするときに思ったように並ばないことがあります。また，姓と名の入力順を間違えることが多いので注意させます。メールアドレスのみが一意のデータとして管理に利用されていますので，間違いのないように入力させてください。

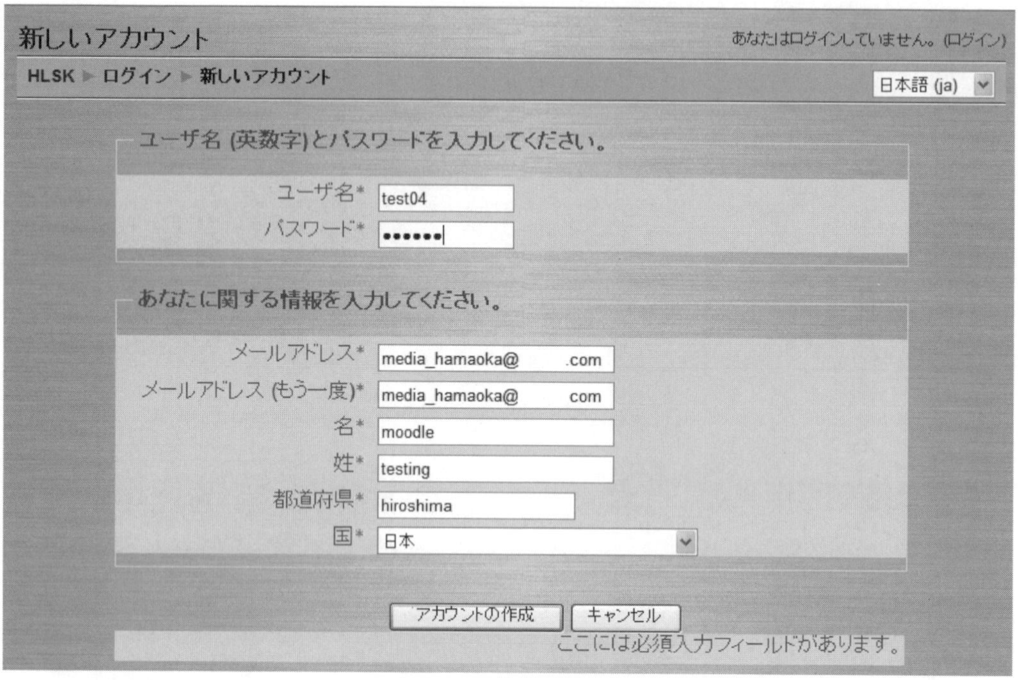

図5-14 アカウント登録画面

■ アカウントの確定

登録したメールアドレスにメールがすぐに送信されるので，メールを開かせ，メールに埋め込まれているリンクをクリックさせます。アカウントの確定が行われ，ログイン可能になります。

■ コースへのアクセス

参加したいコースを選択して登録キーを入力し（図5-15），コースにアクセスします。登録キーは教員が指示します。

コースにアクセスするための**ユーザ名とパスワードを記憶**または記録するよう学生に徹底してください。そうしないと何度も余分な手間を取ることになります。

第5章 コース設定の流れ

図5-15 登録キーの入力

■ 学生の登録に関するトラブルの解決法

学生は，授業が始まって2～3回の間は，パスワードを忘れることがままあります。その場合は，Moodleトップページのサイト管理メニューより次の手順を踏みます。

編集手順　（Moodleトップページから）ユーザ ➡ アカウント ➡ ユーザ一覧の表示 ➡ 氏名を検索 ➡ 該当者の名前をクリック ➡ プロフィールの編集 ➡ 新しいパスワードを設定 ➡ プロフィールを更新する

ユーザ一覧の画面（図5-16）で，**氏名を検索**して**プロフィール**を表示し，**プロフィールの編集**から操作することになります。パスワードを忘れた際は，新しい覚えやすいパスワードを作り，「パスワード変更の強制」にチェックを入れ，プロフィールを更新します。学生にログインさせログイン後すぐにパスワードを変更させます。

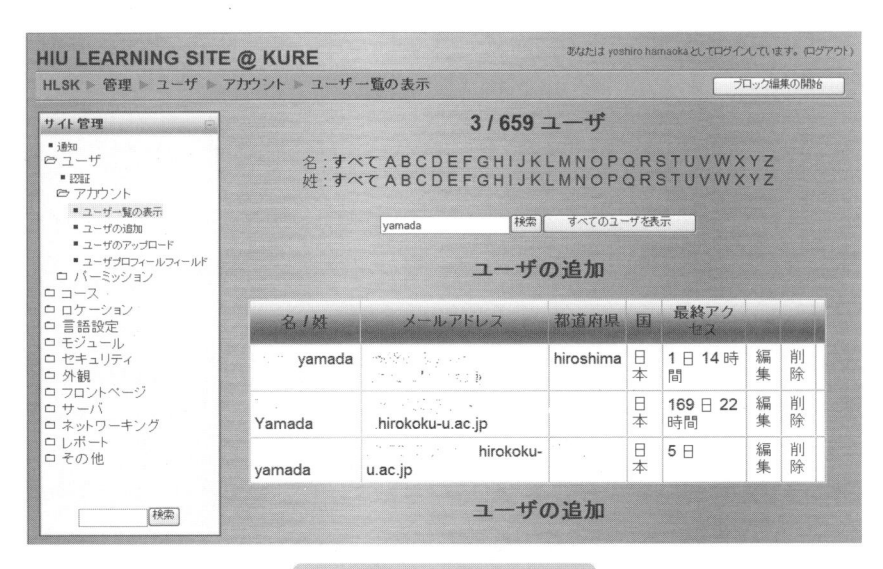

図5-16 ユーザ一覧の画面

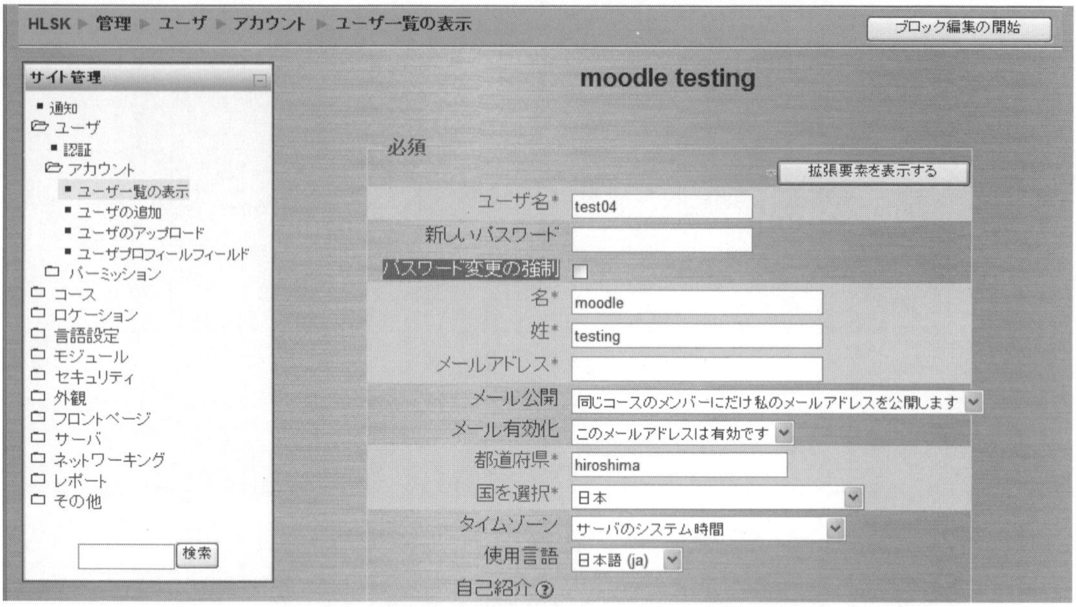

図5-17 プロフィールの編集で新しいパスワードと「パスワード変更の強制」を設定

5.2.4 コースページの表紙

　コースページの表紙には，科目の目的や担当者の情報，シラバスへのリンクなどを設定するとよいでしょう．内容が多くなりページがあまり長くなると表示しにくくなるので，適宜リンクなどで解消してください．

　これらを記述する際，直接ページを編集してもよいのですが，リソースの「ラベル」を使うとあとの利用が簡単になります．

　シラバスを設定した時点でこの辺までの作業が済んでいれば，あとは新学期の前に細かい設定を行うだけです．

5.3 授業ページの設定

　コースの設定ができたら，各授業ページを設定します．しかし，この段階で授業ページのすべての内容を設定する必要はありません．

■ 各授業ページの設定

　授業ページは不可視（目のアイコンをクリックして閉じさせる）にしたり，折りたたんで当日のみを表示したりすることができます（授業ページ右上の四角のアイコンをクリックすると当該ページの

みの表示になります）。試験中には必要のない授業ページを不可視にするなどしてテストの障害にならないようにし，また当該ページの指示が多いときには他のページを折りたたませるなどします。

また，ウィークリーフォーマットの場合は活動の利用に期限を設けることができますので，授業中に終わらなかった活動は次週までに済ませるように期間を設定するなど柔軟に対処します。

ページ上のリソースや活動も表示・非表示を切り替えられるので，事前に必要な資料を設定して不可視にしておき，授業中の適時に公開するなどの方法もとれます。

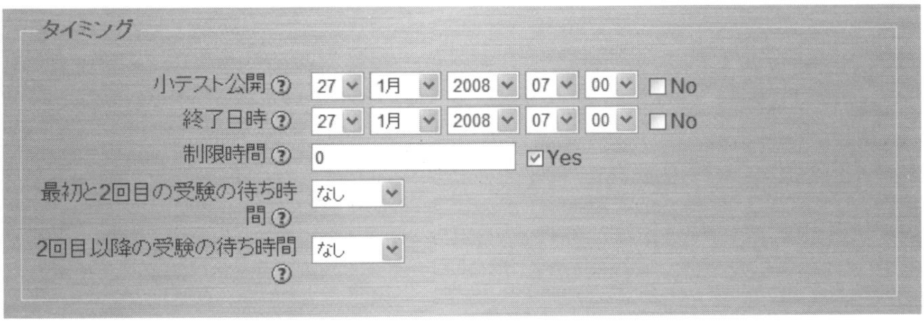

図 5-18　小テストのタイミング設定

■ 各授業ページの指示

授業の形式にもよりますが「課題駆動型」の授業の場合，各授業ページに「ラベル」などを用いて授業の流れ，指示を記載しておくとよいでしょう。学生個々の課題の進捗状況が違うと一斉の指示ができない場合もあります。

ページに直接記述すると，インポートなどの際に直接記述したものは消滅しますので，「ラベル」を用います。この場合，「ラベル」の位置は最上部に置くとよいでしょう。

■ モジュールの配置

準備ができていれば，必要なリソースモジュールと活動モジュールを設置します。
詳細は第 6 章で述べます。

5.4　コース管理

Moodle ではコース管理にカテゴリを利用します。カテゴリの最上位に年度を作っておくと管理がしやすくなります。過年度のものは，年度ごと非表示にすれば，学習者の画面には表示されません。しかし，Moodle 上からは削除されませんので，引用する場合は資産として活用できます。「コースの追加/編集」から，カテゴリの追加・移動・表示・非表示ができます。

編 集 手 順　〔管理者権限で〕（Moodle サイトトップより）サイト管理 ➡ コース ➡ コースの追加 / 編集

　目のアイコンを使って表示 / 非表示の切り替え，上下の矢印で移動，×で削除，「コースの追加」でコースの追加ができます（図 5-19）。

　コースのカテゴリを移動するには，プルダウンメニューを使います（図 5-20）。

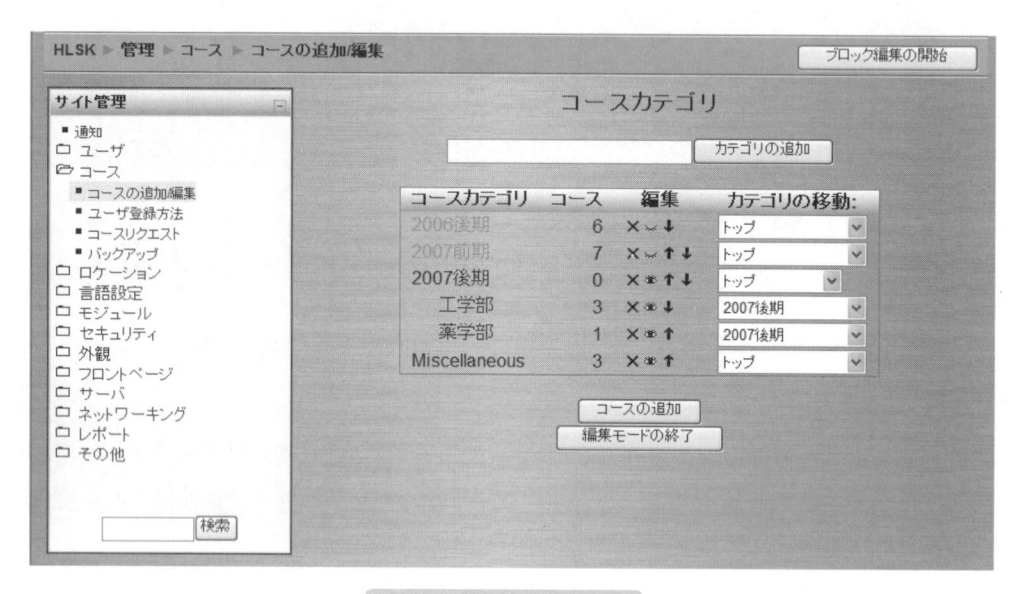

図 5-19　コースカテゴリ

図 5-20　コースカテゴリの移動

図 5-19，図 5-20 を見ると，2006 年度後期，2007 年度前期というカテゴリがあり，それらは非表示になっています。2007 年度後期は表示され，その下に工学部と薬学部が見えます。また年度・学期と同じレベルのカテゴリに「Miscellaneous」があり，その中には汎用のコースが格納されています。

コースの組み立て・教材作成にはかなりの時間がかかります。できあがったものは有効に利用すべきです。

同じ教科書を採用する場合には，コースの問題，資料を再利用できます。また，2〜3年かけて問題や資料を完成度の高いものにすることも一法です。

教科書に沿った内容のコースを作成した場合は，原資料を，教科書名，難易度，対象学習者の種類（学部・学科）などを添え，保管します。独自のコースや教材を開発した場合にもそれぞれにインデックスを付け保管します。

5.4.1 コースの再利用・インポート

新しいコースの枠組みを作成してから，旧コースの内容をインポートします。
まずコースの枠組みを設定します。

編集手順　（Moodle サイトトップより）サイト管理 ➡ コース ➡ コースの追加/編集 ➡ コースの追加

ここでコース設定画面になるので，必要事項を入力します。わからないことがあればヘルプを読みます。

ポイントは，授業の**全回数が入るだけの週/トピック数を確保**したコースを作ることです。休日や行事などのために，授業数より多くの週を費やすものです。実際の数より十分多くしておいたほうが安全です。

次へ進むと，コース管理者を指定する画面が出てくるので自分の名前を検索し追加します（5.2「コースの作り方」を参照）。

コースの枠組みができたら，できたコースに入り，管理メニューからインポートを選択し（図5-21），「**他のコースより活動をインポート**」の画面でコースを選択します（図 5-22）。「**このコースを使用する**」をクリックすると作業が始まり，途中何度か「**続ける**」ボタンを押していると完了

図 5-21　インポートを選択

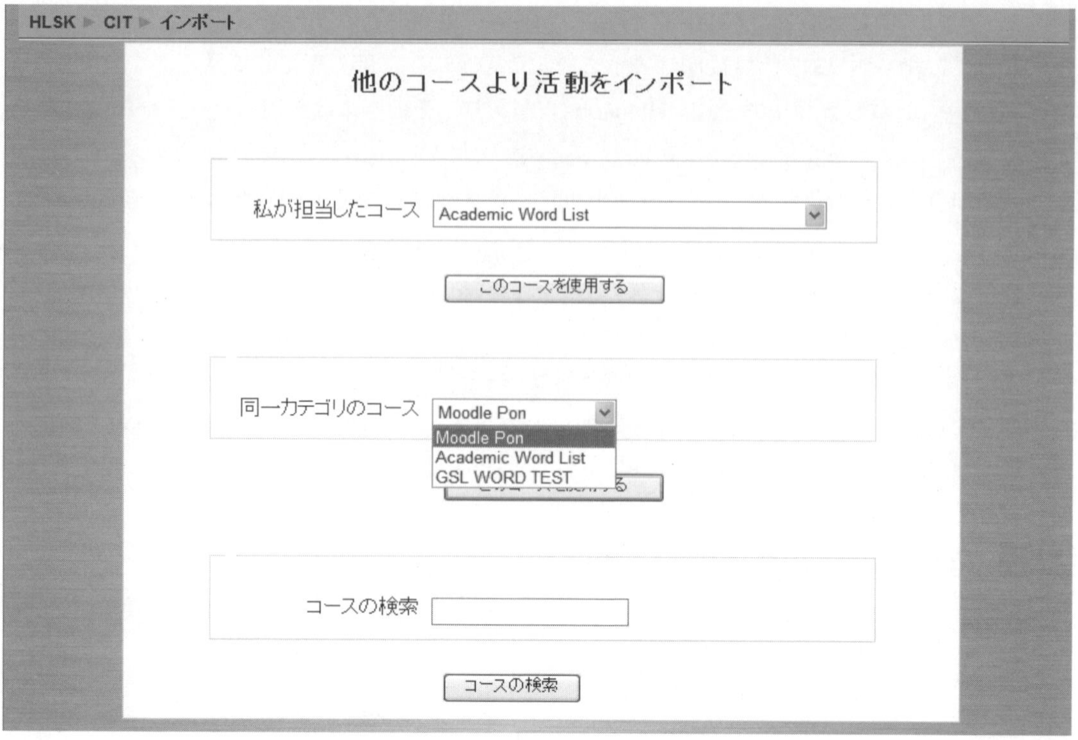

図 5-22　インポートするコースの選択

します。

　インポートでは，授業ページ数と各ページの構成，そこに配置されている活動とリソースしか引き継がれません。各授業ページに直接記述してある内容は引き継がれないので，インポートが必要な場合は**ラベル**を用いて記述しておきます。

　各活動の期日や時間制限は旧コースのままなので，ひとつひとつ変えていく必要があります。また，リソースなどのリンク切れやファイルの消失などがないか注意が必要です。よく小テスト問題のデータが消失します。授業が始まってからでは対応できない場合もあるので，事前の準備が肝要です。

5.4.2　Word による保存

　各ページに直接記述してある内容や Moodle サイトの全体の構成を記録したり利用したりする場合は，画面にコース全体を表示し，全体を選択してコピーし，Word に貼り付けて保存しておくとよいでしょう。同じコンピュータからであれば問題などのリンクも保存されるので，Word から Moodle にアクセスすることもできます。

　こうしておけば，見たままの形で保存してある授業ページの必要な部分だけをコピーして利用できます。毎回同じことを記述する手間が省けます。

授業前準備 実況中継

　開講時までには，3〜4週分は授業ページを設定しておきたいものです。いずれにせよ，前日には各部の設定を確認します。

　さて，明日の準備をしなくては（作ろうとしているのは，図1のような授業ページです）。

```
10/4 - 10/ 10

13 Ancient Ice and Weather
   ○必要な語彙、文法を確認する。
   ○音読し、概要をとり、内容をまとめる。
   ○VOAのhomepageを利用し学習を発展させる。
   ○Topicに関するWebpageを検索し内容に関する追加情報を収集する。

☑ 13 Words
☑ 13 EX B
☑ 13 EX C
☑ 13 EX D
🔊 A History of North Korea's Nuclear Development Efforts
📄 Journal
📄 13 EX Answers
```

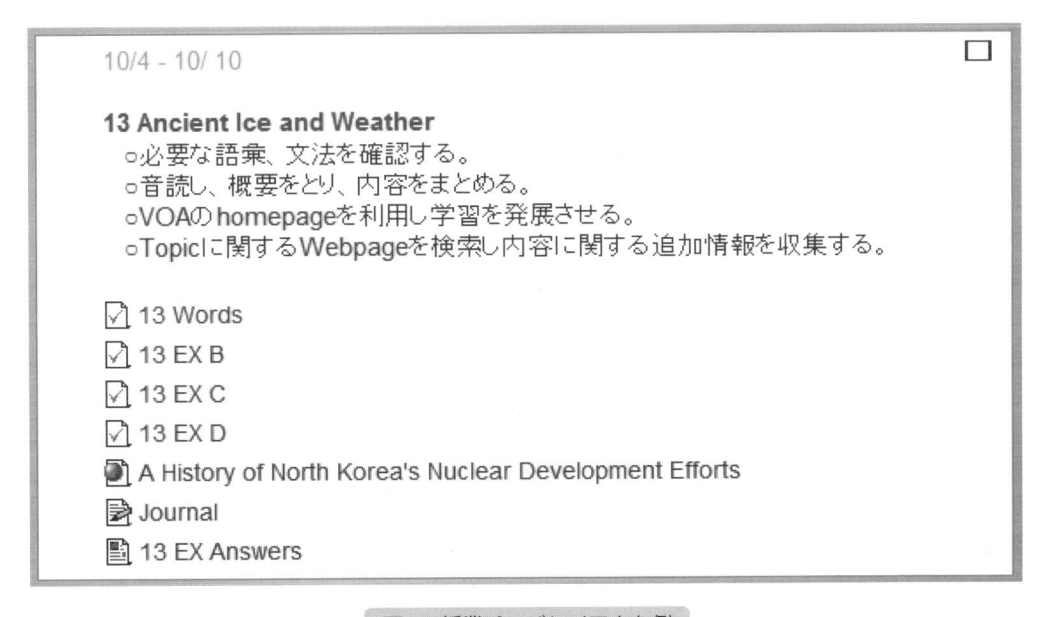

図1　授業ページレイアウト例

　まずはタイトルと学習内容を入力しよう。コース画面右上の**「編集モードの開始」**をクリック，編集モードになった。授業ページにある編集アイコンをクリック，「要約の編集」で学習内容を入力し，変更を保存，タイトルと学習内容は完了だ。

次は授業始めの出席確認の小テストだ。（授業ページより）**活動の追加 ➡ 小テスト**と（図2）。一般設定でテスト名，タイミングでテスト公開期間・制限時間（図3），受験で受験回数，レビューの可否は設定しておこう（52～53ページの図2-37 ⓐ , ⓑを参照）。あとはそのままでよかろう。これで空の小テスト問題枠組みができた。変更を保存と。

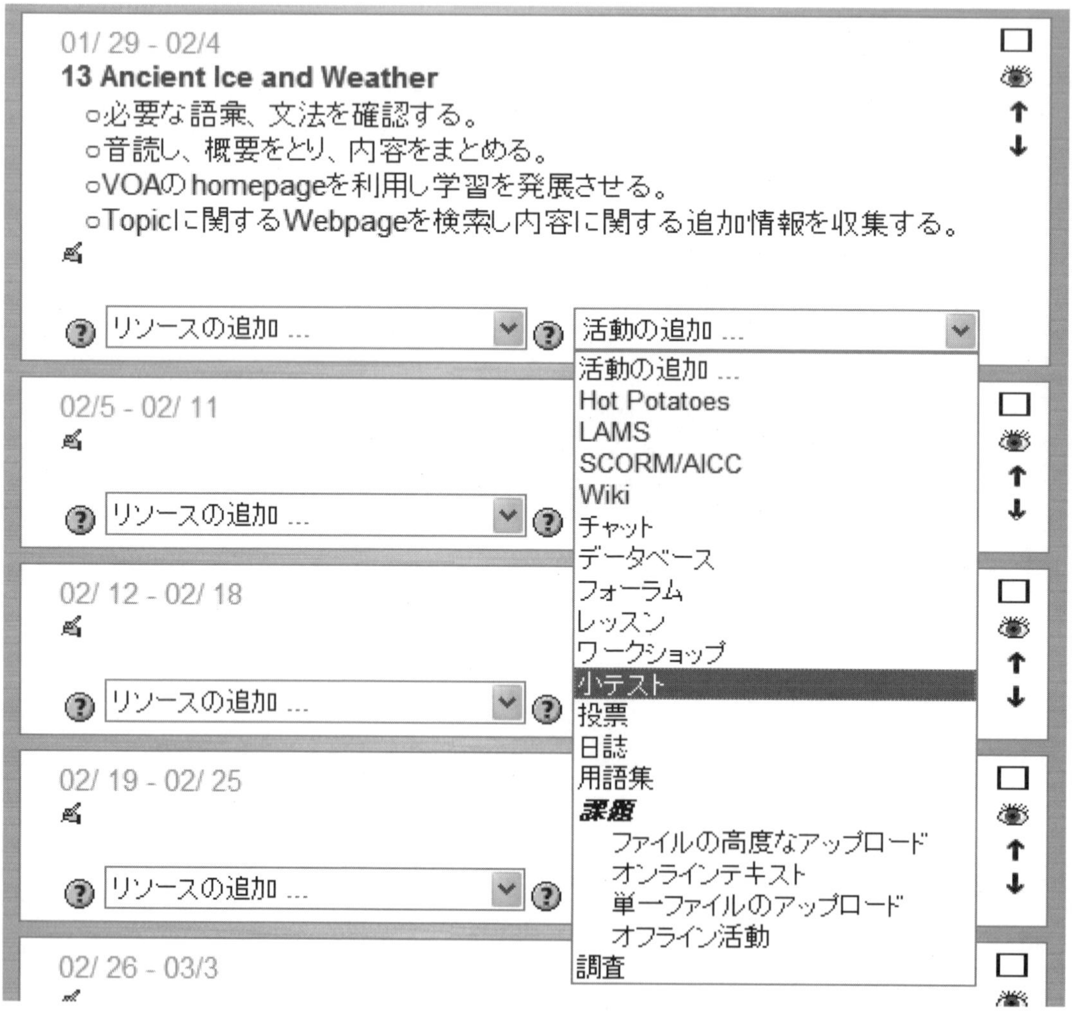

図2　活動の追加で小テストを選択

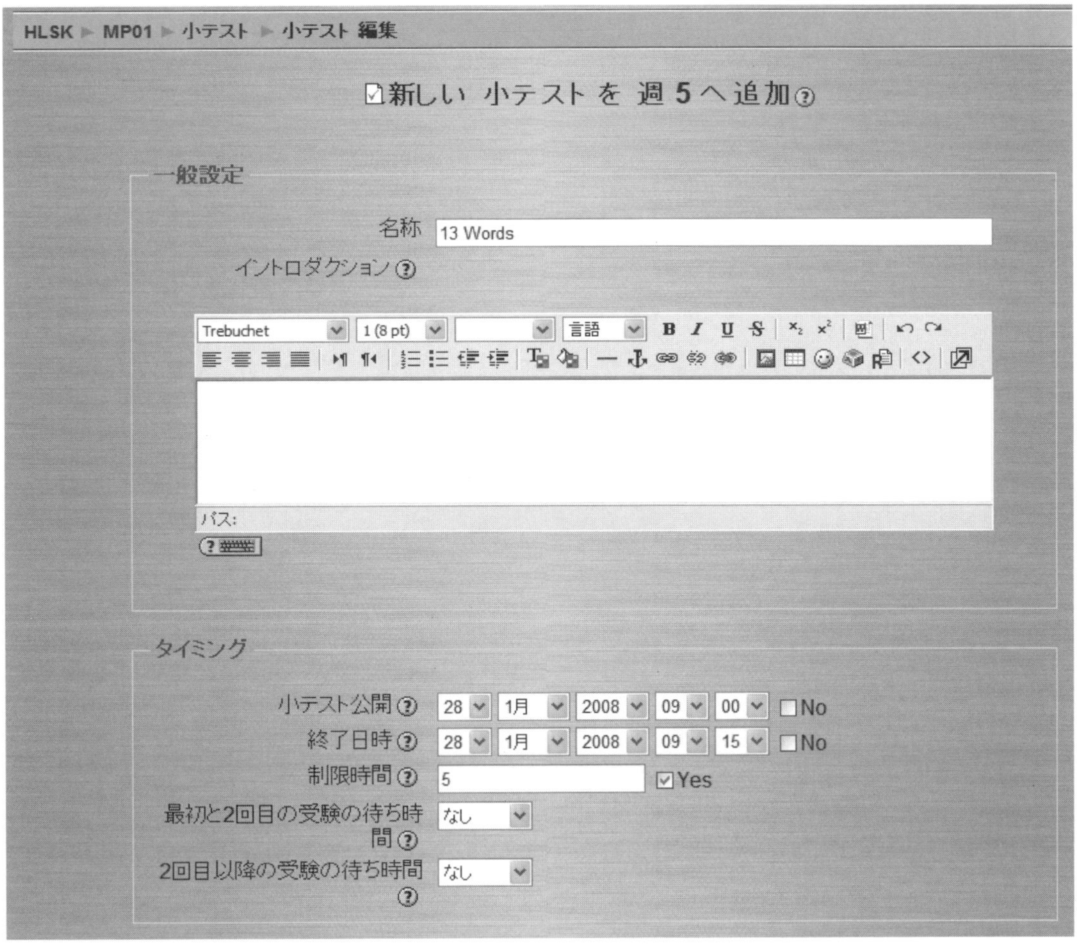

図3　小テストの設定

変更を保存すると，Question bank が出てくる（図4）。さて問題はどこにあったかな。あれ，この問題入っていないぞ。問題の作成から始めなければ。

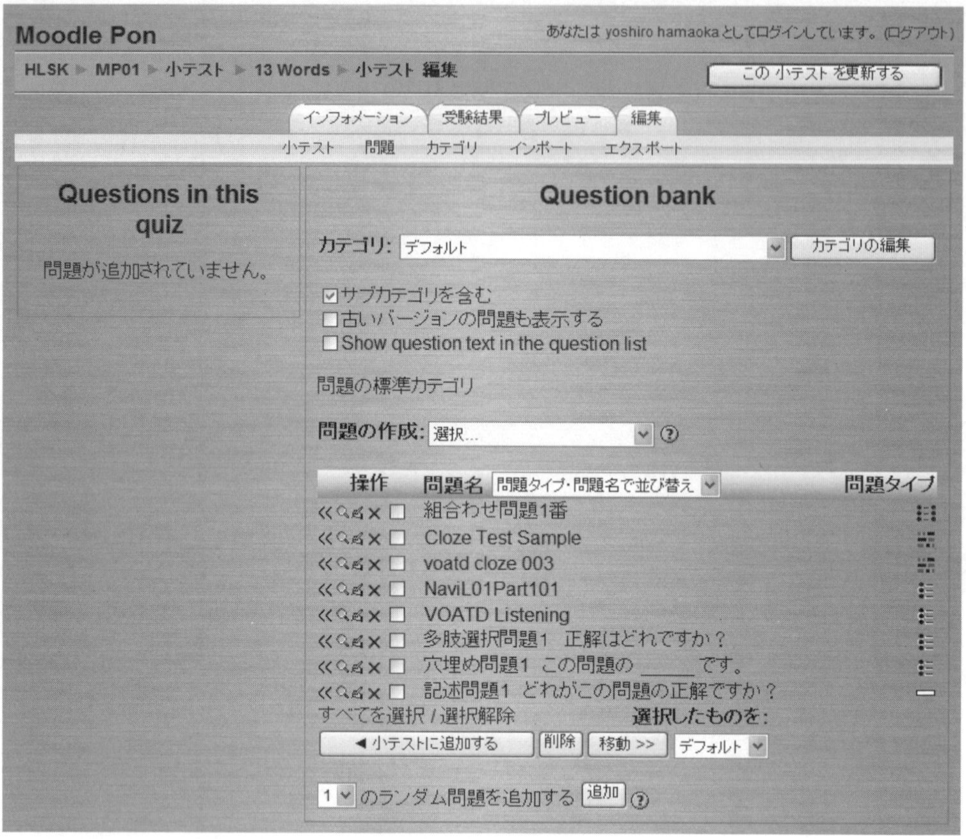

図4　Question bank

　テキストはどこだ？　Lesson13 だから VOATD 03.txt のファイルだ。まずは組み合わせの単語テストを作ろう。Word を立ち上げ単語抽出マクロ付きの Word ファイル（WdEx.doc）を開き，もとのテキストをコピー，蛍光ペンツールを使って，これとこれと単語を選択しハイライトさせる…，よし，スマイルマークをクリックすると単語が抽出される（図6）。これで単語が抽出できた。単語テスト作成用の Excel を開いてこの単語をコピーと（図7）。
　できあがった原稿をテキストエディタに貼り付けて，テキストコードは UTF-8[注] として名前を付けて保存と。

───────────────
（注）Windows は Shift_JIS というテキストコードを使用しています。一方，Moodle は UTF-8 というコードを用いていますので，これを扱えるテキストエディタ（秀丸エディタ，WZ エディタなど）を使って処理します。フリーソフトのテキストエディタでもかまいません。

授業前準備 実況中継

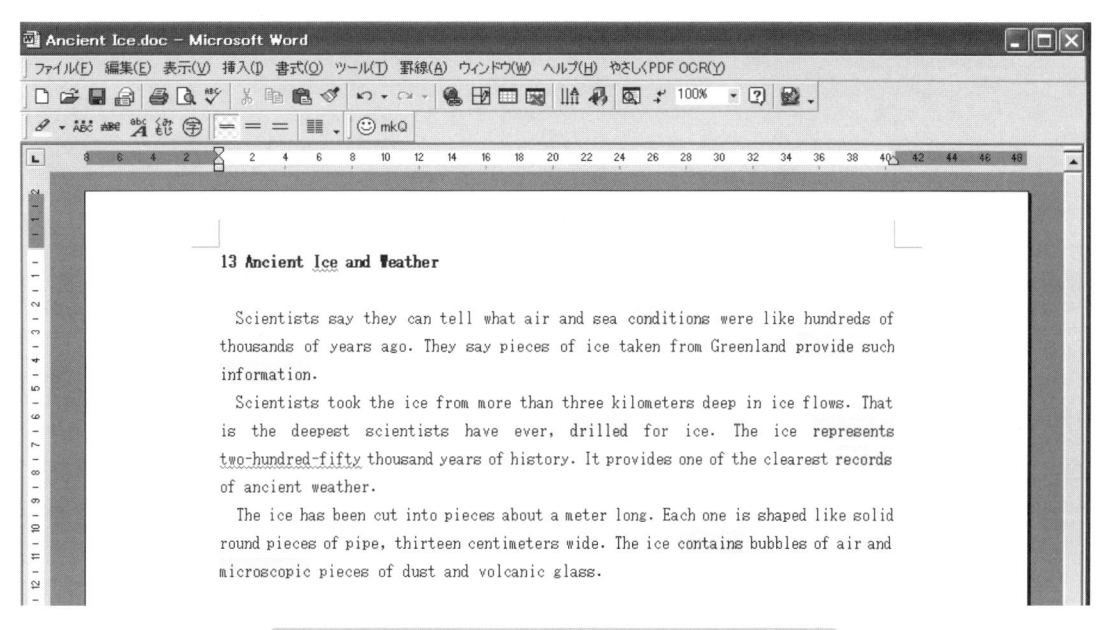

図5 Wordで蛍光ペンツールを用いて単語をハイライト

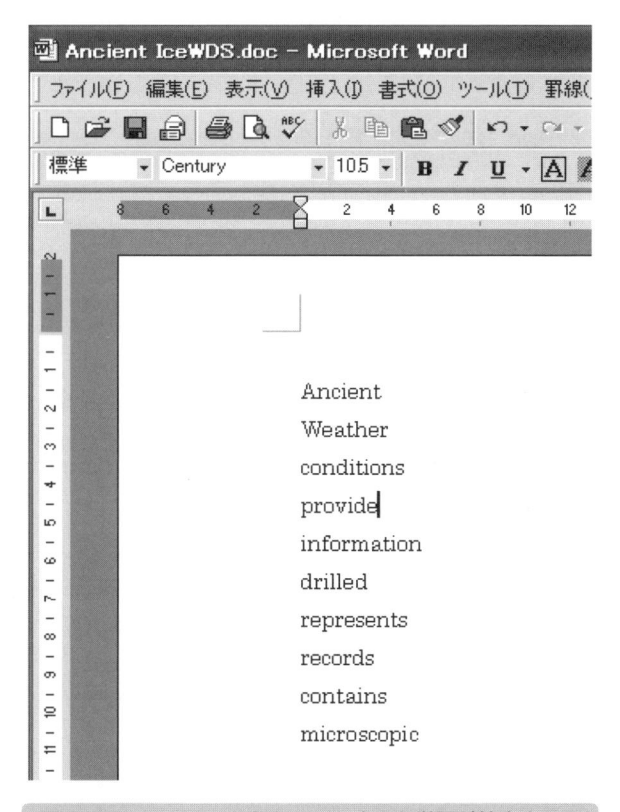

図6 スマイルマークをクリックすると単語が抽出される

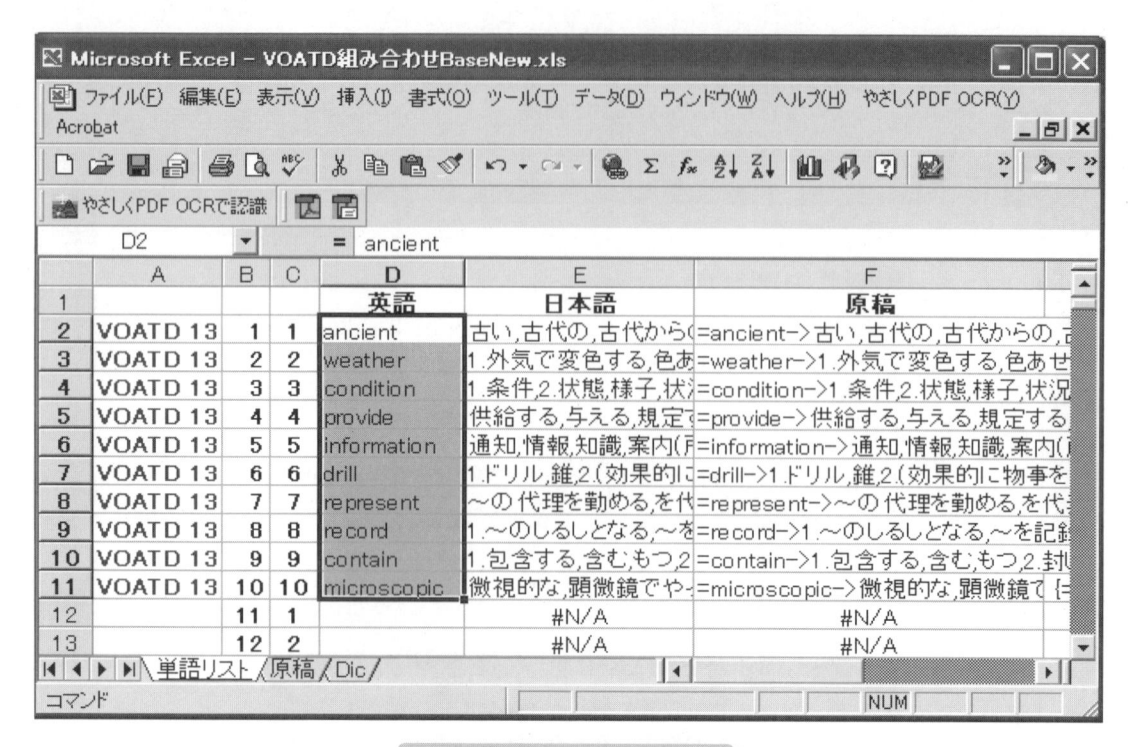

図7 単語テスト作成用のExcel

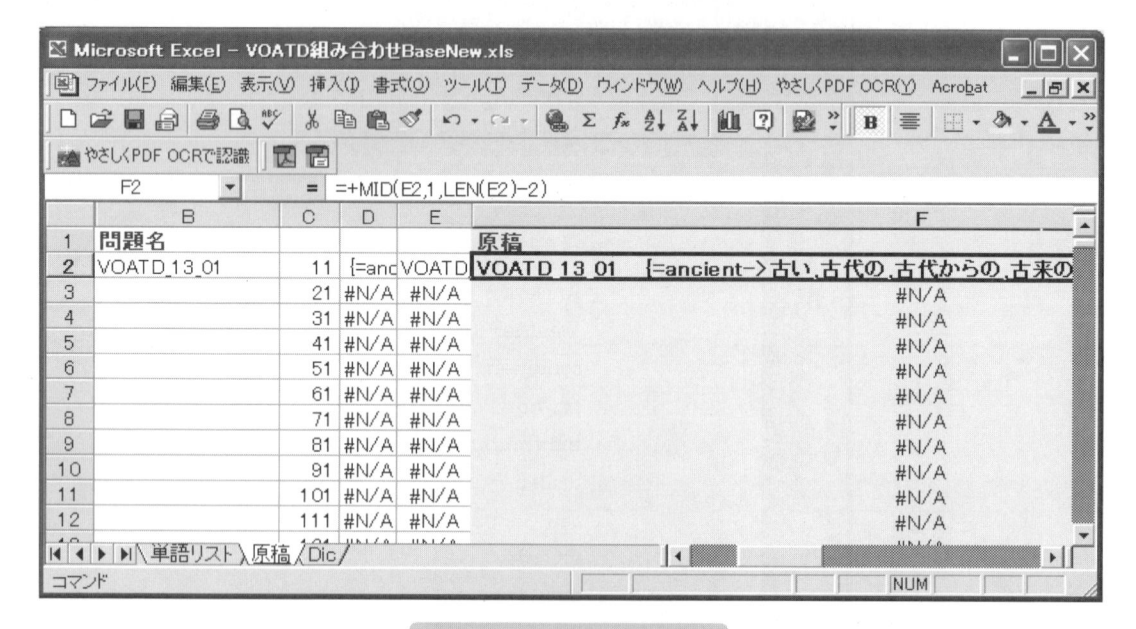

図8 F列に原稿が生成される

ここで，やっと Question bank へ戻って問題のインポートと（図9）。これで問題が設定できた。

図9　ファイルから問題をインポートする

（個々の形式の問題作成）

あと3つの問題も設定したぞ。

VOA の教材へリンクを張っておこう。**リソース追加 ➡ ファイルまたはウェブサイトへのリンク ➡ URL を記入して教材へのリンクを設定**と（この教材は VOA Special English のものです。15ページの脚注を参照）。

日誌も入れておこう。**活動の追加 ➡ 日誌**と。よし，設定終了。

Exercises の解答を設定だ。**リソースの追加 ➡ テキストページ ➡ Exercises の解答をコピーアンドペースト，非表示**にしておこう。

このような手順で，授業ページを設定していきます。時間の余裕があればすべてのページの処理をしておいてもかまいません。

第6章　授業ページ設定の流れ

　タイトル，指示を入力（直接記入またはラベルの使用）し，リソースや小テストなどの活動を設定していきます。

　授業ページへの記入，ラベルの設定については，第2章25ページの「ラベルの挿入」を参照してください。リソースは必要に応じてデジタル化して設定しますが，内容については解説の必要はないでしょう。

　本章では，主に小テストの問題作成と設定について触れます。課題，フォーラム，ワークショップなどの内容は，通常の授業で使用するものと変わらないので触れません。設定は第2章を参照し，詳細はMoodleのヘルプをご覧ください。

　小テストの設定は，次の手順を踏みます。

編集手順	教材のデジタル化 ➡ 問題作成・編集 ➡ Question bankへの登録（確認・修正）➡ 授業ページへの問題設定

6.1　教材のデジタル化

　教材はそれぞれデジタル化し，整理しておく必要があります。年度開始前に時間をとって，すべての教材をデジタル処理しておくと後が楽です。

　デジタル化したテキストは，統一性のあるファイル名を付け保存します。本文テキスト，演習問題は分割し，さらに問題は種類別にファイルを分けておくとよいでしょう。

次に，ファイル名の付け方の例を示します。

〔VOA English for Today というテキストを使っている場合〕

ファイル名	ファイル内容
VOATD_MTEXT_01.txt	テキスト 一課 本文
VOATD_TXSND_01.mp3	テキスト 一課 本文音声
VOATD_EXTXT_01.txt	一課 練習問題全文
VOATD_EXS_A_01.txt	一課 練習問題 A
VOATD_EXS_B_01.txt	一課 練習問題 B

ファイル名の長さやパターン（英文字 8 文字と数字 2 桁など）は，そろえておいたほうが後の処理に便利です。形式は自分のなじみやすい形にします。しかし，この形式にこだわることはありません。

長期的には，教材群に ID 番号を付け，分類し，データベースの形で保存しておくことをお勧めします。こうしておくと，必要な時に簡単に検索できるので使いやすいでしょう。

簡単なものであれば，Excel でリストを作り，画像，テキスト，音声，動画のファイル名を入れ，それに検索用のメモ書きを付けておくだけで十分です。ファイルにハイパーリンクを張っておくと，クリックするだけでそのファイルを参照できます。

■ 印刷物：スキャナによる読み取り，OCR によるテキスト化

印刷物はスキャンしやすい形に整え，スキャナにかけます。用紙サイズは統一し，書籍であればコピーするなり裁断するなりして一枚一枚が分離したものにします。富士通 fi-5120C というスキャナは，一度に両面をスキャンできるので，書籍などでも短時間で処理できます。いろいろな形式のものがありますが，オートシートフィーダの付いたものを使用するべきです。一枚ずつ処理するフラットベッド型は，ここでの作業には実用的ではありません。次に，OCR で文字データ化します。ソフトにより，スキャンと同時進行する場合もあります。筆者の場合は，英語は OmniPage，日本語は DocuWorks で処理をしています。OCR で文字データ化したものは，必ず読み取りの間違いがありますので，Word などで読み込み，スペルチェックをかけます。

文字データ化した後，テキストを必要な単位ごとに適切なファイル名を付けて保存します。

図 6-1 スキャナの一例（オートシートフィーダ型）

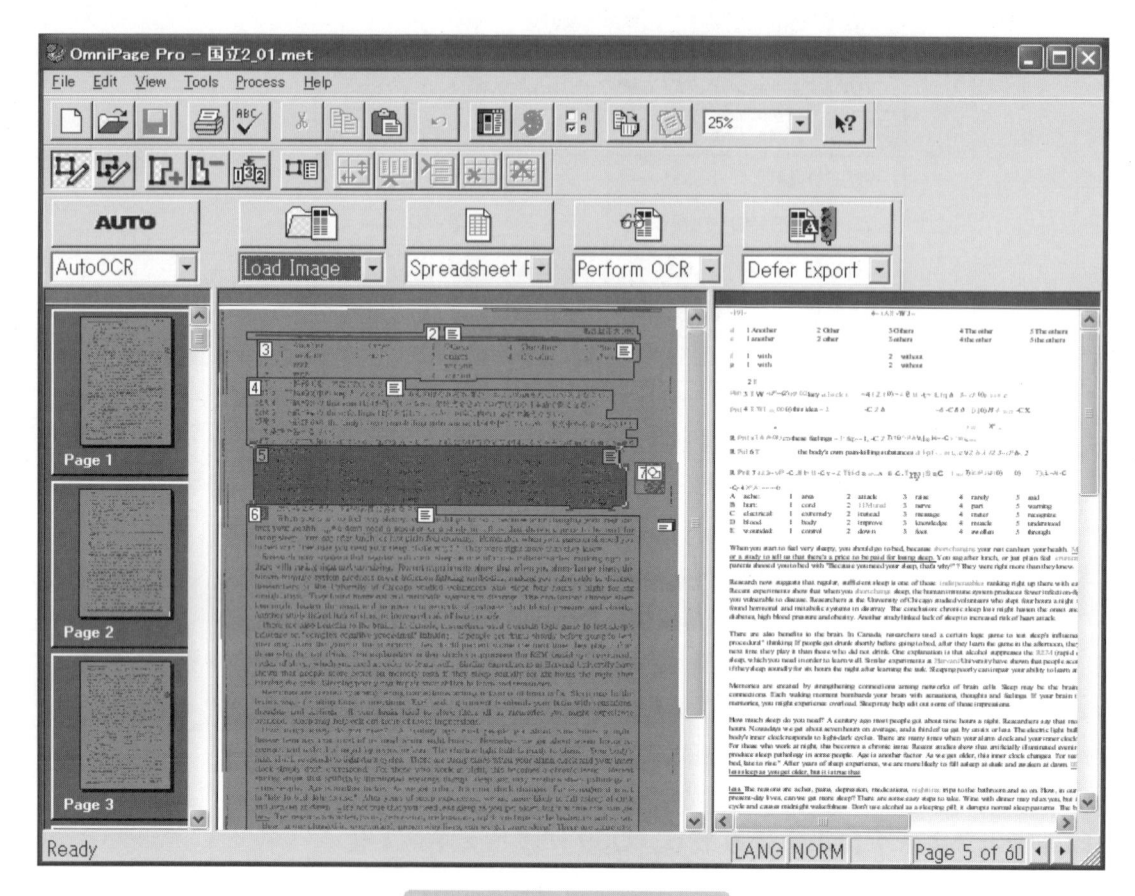

図6-2 OCR（OmniPage Pro）

■ 画像：スキャナ，カメラなどによるデジタル化

　画像は，スキャナまたはデジタルカメラを用いて処理します。読み込みや加工は，適切な画像処理・管理ソフトを使います。Photoshop などが一般的でしょう。これらも適切なファイル名を付けて保存します。

　画像の場合，あらかじめ画像サイズを Web 表示に適切なものに調整しておくと，後の処理が簡単です。あまり大きなファイルサイズの画像を使用すると，転送に時間がかかりシステムに負担をかけ処理が遅くなります。

■ 音声：デジタル録音・抽出

　音声は，CD あるいはカセットテープで供給されることが多いのですが，これをコンピュータでデジタル録音のし直し，あるいはデータ変換をします。また，WAV ファイル（Windows 標準の音声ファイル）を mp3 ファイルに変換する（ファイルサイズが小さくなる）ソフトウェアも使用します。

　音声テープは，コンピュータにつないだテープレコーダで再生し，音声編集ソフトウェアを使用し

てデジタル録音します。

　録音時には WAV 形式で保存すると音質が良いのですが，Moodle や Web サーバに導入するには mp3 形式に変換したほうがファイルが小さくなり，システムに負担がかかりません。

　変換には「午後のこ～だ」のようなフリーソフトで十分です。また，商用の音声編集ソフトの場合，多様な形式で保存できるものもあるので適宜その機能を利用します。

　CD は，CDex のような CD 抽出ソフトウェアを使いデジタル化します。まれに抽出ができないものがあるので，その場合は音声編集ソフトウェアを使用すれば録音できます。

　できた音声ファイルは，使用単位に分割し，名前をつけて保存します。

- **テープレコーダからデジタル録音する際の注意点**

　テープレコーダとコンピュータをつないで音声編集ソフトを立ち上げただけでは録音ができないとよく言われます。次の手順でやってみましょう。

　テープレコーダの Phone（イヤフォン）端子（ヘッドフォンのマークが付いていることが多い）とコンピュータの Line In ／ AUX ／外部入力端子，または，なければマイク端子を，適切なオーディオケーブル（ステレオミニジャックであることが多い）で接続します。

操作手順	（Windows のスタートから）設定 ➡ コントロールパネル ➡ サウンドとオーディオ デバイスのプロパティ ➡ 音声録音の音量をクリック ➡ 録音コントロールの中に「マイク」，「ライン入力」の項目がなければプロパティをクリック（あれば選択チェックへ）➡ プロパティで「マイク」と「ライン入力」にチェックを入れる ➡ 録音コントロールに「マイク」と「ライン入力」が出てくるので，ケーブルをつないであるほうの選択チェックボックスにチェックを入れ，音量を適当に調整する ➡ サウンドとオーディオのプロパティへ戻って「OK」をクリックする

　このあとは，音声編集ソフトを立ち上げ，音量を調整してから録音します。

■ URL：収集・整理・保存

　URL は Uniform Resource Locator の略で，インターネット上の資源（データ）の場所を示す呪文と言えるでしょう。Web ブラウザのアドレス欄に，URL を入力すれば，その資源を閲覧することができます。

　音声データ，画像，テキスト，Web ページなど，さまざまな URL を資源として利用できます。

　Excel などにデータの種類，メモ，その他必要なタグを付けて，リストにして収集しておきます。

6.2 問題作成

Moodleでは，問題の形式や作り方がまだ整理できていないところがあり，間違いが起こりやすいので，整理をしてから，問題作成の説明をします。そのあと，問題エディタ，GIFT形式での問題作成を確認してから，Excelを使って簡単に作成する方法を考えていきます。

6.2.1 問題の種類と整理

Question bankの問題の作成で，選択できるのは次の表のものです。これらは問題形式，問題出題方法，問題作成方法，説明が混在しており，複雑です。ここで整理しておきます。

Question bankにある選択肢	問題か出題システムか	問題の管理方法	問題設定方法	設定ファイルの形式
○×問題	問題	1問単位	GIFT形式可	空行で分離・1解答枠
記述問題	問題	1問単位	GIFT形式可	空行で分離・1解答枠
数値問題	問題	1問単位	GIFT形式可	空行で分離・1解答枠
組み合わせ問題	問題	1問単位	GIFT形式可	空行で分離・1解答枠
多肢選択問題	問題	1問単位	GIFT形式可	空行で分離・1解答枠
穴埋め問題 (Cloze)	問題	1セット単位	問題エディタ	連続記述・解答枠多数
作文問題	問題，自動評価なし	1問単位	問題エディタ	ファイルでは設定不可
ランダム記述組み合わせ問題	自動出題システム	Question bankに依存	問題エディタ	ファイルでは設定不可
ランダム問題	自動出題システム	Question bankに依存	問題エディタ	ファイルでは設定不可
計算問題	数式による自動作成	1問単位	問題エディタ	ファイルでは設定不可
説明	問題の説明，自動評価なし	1問単位	問題エディタ	ファイルでは設定不可

この表の中で，作文問題は，内容としては「活動」の「課題」と変わりません。○×問題も多肢選択の2択版です。「説明」は問題ではありません。出題や自動作成のシステムは問題ではないので，**問題のほとんどはGIFT形式と穴埋め問題（Cloze）で作成できます**。

6.2.2 問題作成の三段階

Moodleの問題作成は，**問題エディタ ➡ GIFT形式 ➡ Excel / Word利用**の順に簡単になります。

Moodleの標準の問題作成法は，**問題エディタとGIFT形式**です。問題エディタ（図6-3）は，1つ1つの問題を対話的に作っていく，あるいは修正するのに向いています。GIFT形式は，大量のデータを問題にするのに向いていますが，多少作成に慣れる必要があります。

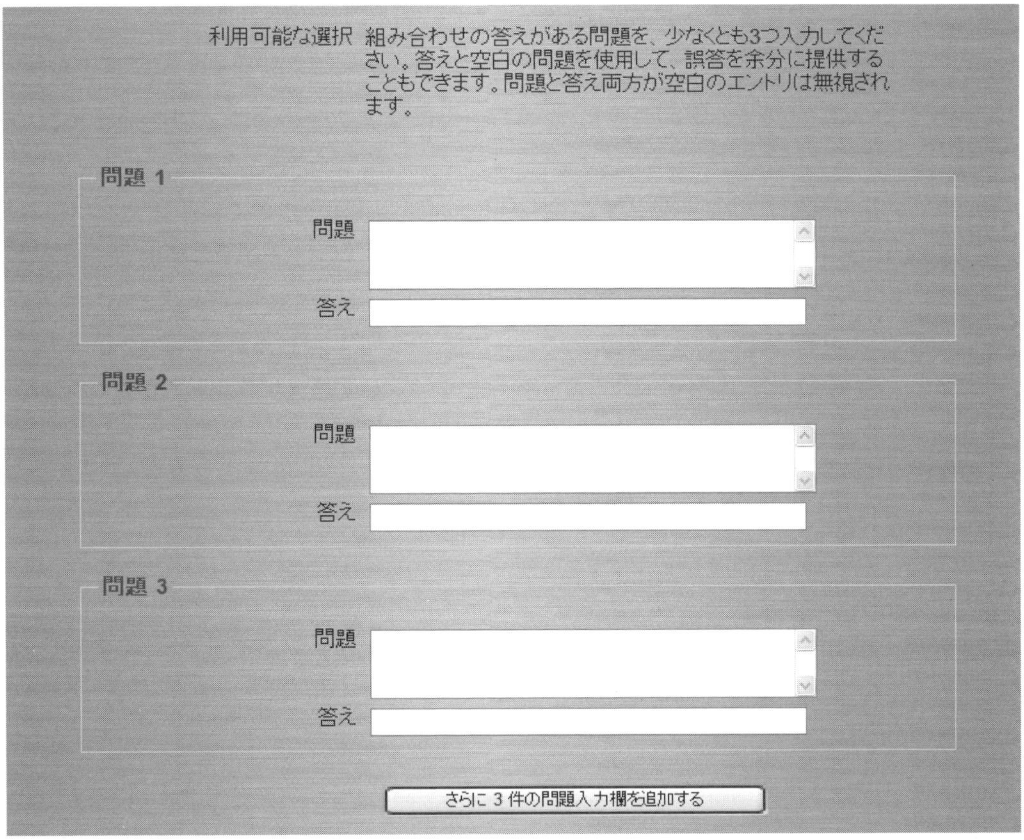

図6-3　組み合わせ問題エディタの問題入力部分

組み合わせ問題 {=aluminum-> アルミニウム　=environment-> 環境　=metal-> 金属 }

図6-4　GIFT形式の組み合わせ問題原稿（3問分）

　Moodleの歴史をみると，エディタは徐々に準備されてきたようで，初めのうちは穴埋め問題（Cloze）で使われている **:SHORTANSWER:**，~，＝のようなタグを埋め込んだテキストを使って問題を設定していたと考えられます。タグを埋め込んで処理するのが面倒と考える利用者のために開発されたのでしょう。

　筆者が日常，問題設定に使うのは，タグを埋め込んだデータを一括して処理する形の**GIFT形式**と，**穴埋め（Cloze）形式**です。GIFT形式は，ほとんどの問題形式に対応しており，大量に問題を作るのに向いています。また，穴埋め問題（Cloze）には対話式のエディタがないので，タグを埋め込んだテキストを貼り付けて問題作成をします。

　しかし，タグを埋め込んだテキストを大量に処理するのは非常に煩雑です。そこで，GIFT形式あるいは穴埋め（Cloze）形式のテキストを迅速に生成するために，ExcelとWordを使います。

6.2.3 問題エディタを使って問題を作る

多肢選択，組み合わせ，記述，○×，数値，計算の各問題には対話式のエディタがあります。参考に，ここで問題エディタを使って単語の **10 択組み合わせ問題**を作ってみましょう。

編集手順

> （授業ページより）Question bank の画面より，「問題作成」をクリックしプルダウンメニューから，「組み合わせ問題」を選択（図 6-5）➡ 問題名など必要事項を入れ，下部の問題入力へ進む（図 6-3）➡ 初期設定は 3 題なので，12 題まで問題数を追加する ➡ 10 題目までそれぞれの問題と答えに英単語とその日本語訳を入力する ➡「変更を保存する」をクリックし Question bank へ戻ると，問題が 1 つできている

この方法で問題を作ると，単語の 10 択問題を 1 つ作るのにかなりの時間を使います。これは教科書の中から 1 つ 1 つ単語を拾いながら問題を作る人には向きますが，基本データを大量に持ち，e-learning 用の問題を多数作る人には負担が多すぎます。

前ページの図 6-4 は，GIFT 形式で組み合わせ問題を作る時の原稿形式です。この形は Excel などで作ると容易です。

問題エディタは，問題ができてから不具合を修正する場合に使うのがよいでしょう。ここでは 10 択を例にとりましたが，上記の各問題形式のエディタをすべて使用し，本格運用前に感覚をつかんでおきます。エディタの詳細については，Moodle のヘルプを読んでください。

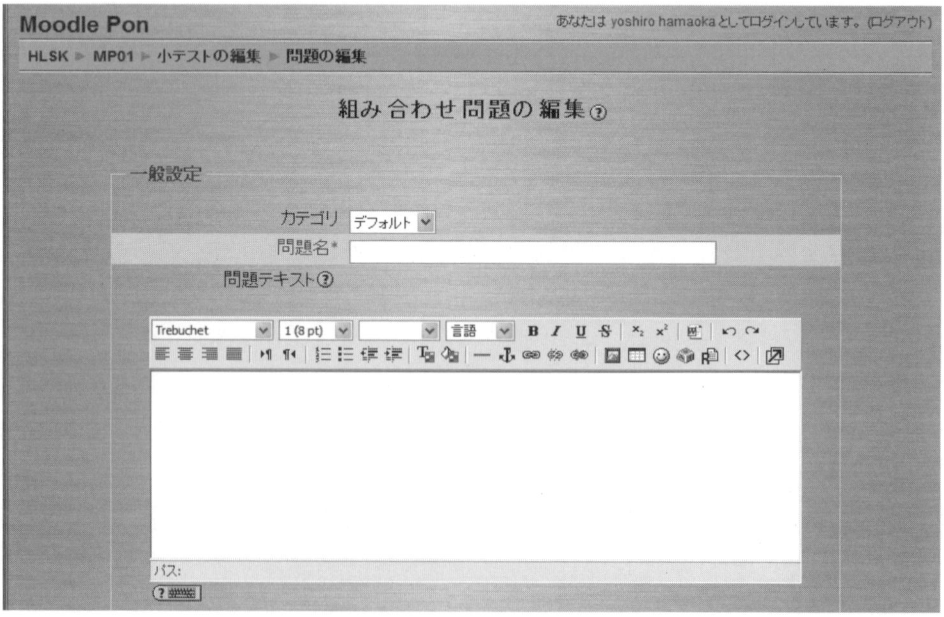

図 6-5 組み合わせ問題の編集画面

■ 穴埋め問題（Cloze）を作る

穴埋め問題（Cloze）は問題エディタから作りますが，注意が必要です。前ページで説明した問題エディタと違い，エディタは対話式ではなく，編集したテキストを貼り付けるものです。

テキスト内に，多肢選択問題，記述問題，数値問題を挿入することができます。問題原稿には，多肢選択問題，記述問題，数値問題用のそれぞれのタグを付けた答えを埋め込みます。次の形式で記述します（{} の中が解答処理部分）。

```
多肢選択問題    問題部分 {:MULTICHOICE:~=~}
記述問題        問題部分 {:SHORTANSWER:~=~}
数値問題        問題部分 {:NUMERICAL:~=~}
```

必要があれば，# のあとにフィードバックを付けます。

{:SHORTANSWER:=people# 正解です ~% 50% persons# 複数形は people} と記述すると，正解は people，それに対するフィードバックが「正解です」の部分です。解答し採点された後にこの答えにマウスポインタをあてると，「正解です」とフィードバックが吹き出します。persons の部分が 50％の部分点を与える解答部分，それに対するフィードバックが「複数形は people」の部分です。persons と答えると半分の部分点がつき，解答，採点後には同じ手順でフィードバックが現れます。

注意したいのは，~（チルダ）はこのあとに続くものが選択肢の1つであることを示し，=（等号）は正解であることを示しているので，正解の場合にも，~ を付けておかなくてはならないことです。

2008 年現在，問題を作成するための対話式インターフェースは用意されていません。また，ファイルからインポートできないので「問題の作成」から穴埋め問題（cloze）を選び，「問題テキスト」入力画面に貼り付けます。筆者の場合，問題作成が複雑になるので多くの形式を混在させる問題は作りません。

（参考）　**編集に使う記号**（109 ページ参照）**が問題内に混入するとエラーになる**
　　　下の例は，Moodle のヘルプに載っている穴埋め問題（Cloze）のサンプルですが，数値問題のところにある N/A には，/ が含まれているのでエラーになります。N/A のところをあらゆる文字に対応する * に直すとエラーは出ません。試してみてください。次ページの図 6-6 が，できた問題です。

> この問題は，テキストと次のような埋め込まれた答え {1:MULTICHOICE: 間違った答え # この答えに対するフィードバック ~ もう1つの間違った答え # この答えに対するフィードバック ~= 正しい答え # この答えに対するフィードバック ~% 50%半分正しい答え # この答えに対するフィードバック}，記述式の入力欄 {1:SHORTANSWER:間違った答え # この答えに対するフィードバック ~= 正しい答え # この答えに対するフィードバック ~% 50%半分正しい答え # この答えに対するフィードバック}，そして最後に浮動小数点の入力欄 {2:NUMERICAL:=23.8:0.1# 正しい答えに対するフィードバック 23.8~% 50% **N/A**# 半分正しい答えに対するフィードバック} から成ります。
> このようなアドレス www.moodle.org およびスマイリー :-) はすべて通常どおりに動作します：
> a) これは良いですか？{:MULTICHOICE:= はい # 正解 ~ いいえ # 私たちは異なる意見を持っています。}
> b) これに何点をつけますか？{3:NUMERICAL:=3:2}
> グッドラック！

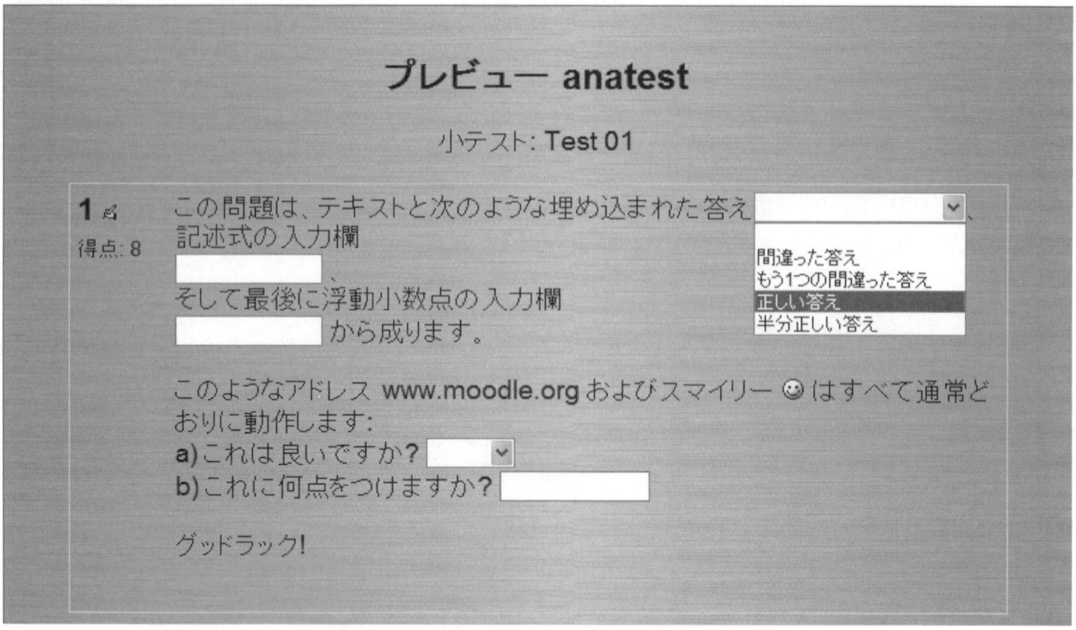

図6-6 できた問題（穴埋め問題（cloze））

6.2.4 GIFT形式で問題を作る

要点と簡単な問題例を記述します。具体例はMoodleのヘルプも見てください。

■ 基本手順

① **もとのテキストをそれぞれの形式のフォーマットに編集する**

穴埋め問題（Cloze）の原稿とGIFT形式の原稿は紛らわしいので注意します。

② **文字コードをUTF-8としてテキスト形式で保存する**

Windowsの文字コードはShift-JISなので，通常の保存ではエラーが出ます。

③ **Question bankのインポートタブよりファイルのアップロードを行う**

④ **Question bankに問題が設定される**

■ 扱える問題形式

多肢選択問題，組み合わせ問題，記述問題，○×問題，数値問題，穴埋め形式[注]

（注）穴埋め形式とありますが，穴埋め問題（Cloze）（文中に多数入力欄があり文字を入力して解答する形式）には対応しません。穴埋め問題（Cloze）はQuestion bankの問題作成で「穴埋め問題（Cloze）」から作成します。GIFT形式のヘルプで穴埋め形式とあるのは，穴（下線部）を作っておいて，そこに入る選択肢を別に表示したり，解答欄を別に表示したりする問題のことです。

■ できること

- **1つのテキストファイルの中で，複数の問題形式を用いた問題を作る**

　1つのファイルで，たくさんの問題を登録できます。形式が違うものも1つのファイルに入れられます。

- **問題に関するコメント・メモや各問題のタイトルを加える**

　タイトルを指定しないと，問題部分がタイトルとなり整理が付かなくなるので，この機能を持っています。

- **解答に対するフィードバックを行う**
- **解答に対して部分点（%）を設定する**

■ 編集に使う記号[注1]

記号	読み又は意味	解説
空行	何も書いていない改行マークのみの行	問題の区切りになる。1つのファイルに2つ以上の問題を含めるときには，空行で区切る。
~	チルダ	多肢選択の選択肢を表す。
=	等号	正解を示す。記述式問題の場合は多数正解を示す場合も {= 正解1 = 正解2 = 正解3} とし，~はつけない[注2]。
{ }	大括弧	解答部分を示す。
$CATEGORY	—	カテゴリの指定
/	スラッシュ	カテゴリの入れ子関係を示す。
::	ダブルコロン	タイトルの指定
%	パーセント記号	部分点の設定
#	ナンバー記号	数値問題の解答
*	アスタリスク	合致しない解答のすべて
->	右矢印	組み合わせ問題のセットを示す。

(注1) これらの記号，文字は，**すべて半角英数字**であって，日本語文字の全角ではありません。これらが**問題中に不用意に入り込む**と，問題としてうまく取り込めず悩むことになります。もし，問題ファイルの取り込みがうまくいかないときは，これらの文字を疑ってください。他のもので代えられないときには全角を使います。これらの半角文字を文章中に用いる場合は，HTMLのコードとして記述します。たとえば，&#061 を書くとブラウザでは =（イコール）が表示されます。

(注2) 問題エディタから作る穴埋め問題（Cloze）では，多数正解を設ける場合は，次のようにします。
{:SHORTANSWER:~= 正解1 ~= 正解2 ~= 正解3}
このように :SHORTANSWER: を付け，個々に ~ を付けます。GIFT 形式と紛らわしいので注意が必要です。

■ カテゴリの指定

カテゴリの指定は，行の前後に空白を入れて，次のように記述します。

```
$CATEGORY: 子カテゴリ名 / 孫カテゴリ名 / ひ孫カテゴリ名
$CATEGORY: 新しいカテゴリ名
```

最初の例は，入れ子のカテゴリを指定しています。この場合，問題は，ひ孫カテゴリに追加されます。指定したカテゴリが存在しない場合，その新しいカテゴリが作成されます。

■ 問題のタイトルの指定

::（ダブルコロン）で始め，::（ダブルコロン）で閉じます。

■ ファイルの保存方法

文字コードを UTF-8 として，教材を作成しているコンピュータ内の適切な場所に，テキスト形式で保存します。どこに保存してもかまいませんが，たとえば VOATD という教科書であれば，ハードディスク内に VOATD/Moodle/ のようなディレクトリを作って保存しておくとわかりやすいでしょう。

■ インポートの方法

Question bank からインポートをクリックし，「アップロードしたファイルからインポート」の処理部分で参照ボタンを押し，保存してある GIFT 形式のファイルを指定します。

ここで，「このファイルをアップロードする」を押すと，問題が Question bank に取り込まれます[注]。

エラーが出る場合は，問題中に前述の記号が混入していることが多いので，問題の記述形式と記号の有無を調べます。

■ 穴埋め問題（Cloze）と GIFT 形式の問題作成の違い

穴埋め問題（Cloze）は，GIFT 形式で扱うことはできないので，「問題の作成」から「穴埋め問題（Cloze）」を選び，「問題テキスト」のウィンドウに問題原稿を貼り付けます。

Moodle の穴埋め問題（Cloze）とは，本文中の複数の場所で，多肢選択問題，記述問題，数値問題を埋め込むことができるものをいいます。GIFT 形式での多肢選択問題，記述問題，数値問題，穴埋め問題は，1 問につき 1 つしか答えを設定できません。

穴埋め問題（Cloze）は，その中に入っている個々の問題は分離できず，複数の問題のセットで管理します。一方，GIFT 形式で作った問題は，それぞれ 1 問ずつ管理されます。

[注] 1 つのファイルに多くの問題が入っていると，全部を取り込めないことがあります。20〜30 問程度のファイルにしておきます。

■ GIFT 形式の確認

ここまで GIFT 形式の問題作成の概要を述べましたので，問題の**基本の形**を確認するために，実例を見ましょう。問題形式は，**多肢選択，穴埋め，記述，組み合わせ，数値，○×**があります。これらを作成するための問題の記述形式は，次表のような形をとります。

問題形式	問題の記述形式
多肢選択	正解はどれですか？{~誤答1 ~誤答2 = 正解}
穴埋め	この問題の {~誤答1 = 正解 ~誤答2} です。
記述(注)	どれがこの問題の正解ですか？ {= これです = これも正解です}
組み合わせ	組み合わせ問題1番 {=red -> 赤 =blue -> 青 =yellow -> 黄 }
数値	100+50= {#150}
○×	この記述は正しい。{TRUE} または {T} / {FALSE} または {F}

これらの原稿を読み込んでできた問題は，図 6-7 のようになります。

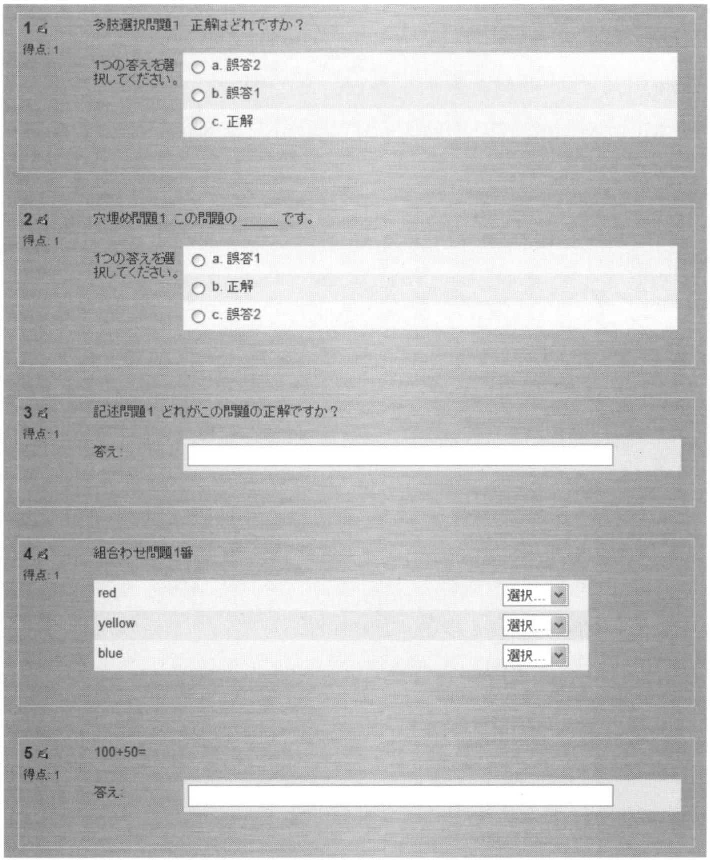

図 6-7 GIFT 形式で作った問題

（注）「~」（チルダ）は使用しません。

6.2.5 Excel，Wordなどを使って作る

原稿を，1つ1つ作るのはかなりの労力を伴います。そこで，ExcelやWordを利用します。

■ テスト問題作成の省力化

問題エディタで，1つ1つ作るほうがわかりやすいかもしれません。しかし，時間は果てしなくかかります。Excelなどを利用して形式を整えれば，一気に作成できます。基本を憶えて，筆者が用意したサンプルのExcelファイルを改造し，役立ててください（120ページ参照）。

■ 穴埋め問題（Cloze）

穴埋め問題（Cloze）は，Wordを使います。マクロを使って問題の原稿を作ります。原稿は，次のように解答を示すタグを付けます。

Cars that burn gasoline {:SHORTANSWER:=cause} a major part of the air pollution...

読者のために，穴埋めにしたい部分を選択すると，その部分にタグを付けるようマクロ（プログラム）を用意しました。MCbase.docという名前です。筆者のWebページ[注1]からダウンロードしてください。

■ MCbase.doc 使用法

MCbase.docを開き[注2]，そこへ問題にするテキストをペーストします。適切なファイル名を付け保存します。穴埋めにしたい部分を，Wordの拡張書式メニューにある「蛍光ペン」でハイライトさせます（蛍光ペンのボタンを押して選択した状態で，次々と穴埋め部分の単語をダブルクリックします）。選択し終わったら，ツールバーにあるスマイルマークをクリックすると，「ファイル名+Qs.doc」というファイルができます。できた「ファイル名+Qs.doc」の内容を，MoodleのQuestion bankより穴埋め問題作成のテキストボックスに貼り込めば問題ができます。

■ 多肢選択問題（作成用Excelファイル名：Multi.xls）

多肢選択問題の原稿は，GIFT形式で作成します。

作成する問題の形式は，画面に示される写真を見ながら4つの英文を聞き，その写真と整合する英文を答えるものです。したがって解答用紙にはABCDの4つの記号があり，正解にしるしを付けて解答します。

(注1) http://www.geocities.jp/yhamaoka_eca/
(注2) 使用しているWordのマクロセキュリティの設定により，ファイルを開いた時，①マクロが使用できません…，②マクロを有効にしますか？…，のどちらかが表示されます。①の場合はメニューより，「ツール」，「マクロ」，「セキュリティ」とたどり，セキュリティレベルを中に設定します。②の場合は，「有効にする」を選びます。

第 6 章　授業ページ設定の流れ

これを Moodle 上で実現するには，次の手順を踏みます。
① 音声，画像[注]は，あらかじめデジタル化し，データサーバに保存しておきます。
② 図 6-8 のような Excel の表を作成します。各セル・列の内容を，次に示します。

A1 セル	改行（ALT キーと Enter（Return）キーを同時に押して改行のコードを入力）。
A 列〜 D 列	問題名を作る部分です。適宜変更します。
FHJL 列	選択記号です。一番初めの列を入力しコピーします。
EGIK 列	正解を挿入する欄です。初めはすべてに ˜ を入力しておき，後で正解のものを＝に変えます。実際のセルには ′＝を入力します。
M1 セル	音声データのフォルダの URL です。これに D 列と .mp3 を足してファイルの URL を作ります。
M 列	=CONCATENATE("::",A2,B2,C2,D2,":: ", \$M \$1,"/",D2,".mp3"," {",E2,F2,G2,H2,I2,J2,K2,L2,"}", \$A \$1)

CONCATENATE ( ) という関数は，文字列を結合する関数です。

M 列では，まず，:: で問題名を作ります。次に，サーバのフォルダの URL（M1 に入っているので，どこからでも参照できるよう \$M \$1 と記述します。これを絶対参照といいます）に音声ファイル名をつなげます。その後ろに，選択肢 A 〜 D と正解を示す部分を付け加えます。最後に，改行を付け加えます。

	A	B	C	D	E	F	G	H	I	J	K	L	M
1													http://ets.hirokoku-u.ac.jp/hamaoka/navi/
2	Navi	01	Part1	001	˜	A	=	B	˜	C	˜	D	::Navi01 Part1 001 ::http://ets.hirokoku-u.ac.jp/hamaoka/navi//001 .mp3{˜A=B˜C˜D}
3	Navi	01	Part1	002	˜	A	˜	B	=	C	˜	D	::Navi01 Part1 002::http://ets.hirokoku-u.ac.jp/hamaoka/navi//002 .mp3{˜A˜B=C˜D}
4	Navi	01	Part1	003	˜	A	˜	B	˜	C	˜	D	::Navi01 Part1 003::http://ets.hirokoku-u.ac.jp/hamaoka/navi//003 .mp3{˜A=B˜C˜D}
5	Navi	01	Part1	004	=	A	˜	B	˜	C	˜	D	::Navi01 Part1 004 ::http://ets.hirokoku-u.ac.jp/hamaoka/navi//004 .mp3{=A˜B˜C˜D}
6	Navi	01	Part1	005	˜	A	˜	B	˜	C	=	D	::Navi01 Part1 005 ::http://ets.hirokoku-u.ac.jp/hamaoka/navi//005 .mp3{˜A˜B˜C=D}
7	Navi				˜	A	˜	B	˜	C	˜	D	::Navi::http://ets.hirokoku-u.ac.jp/hamaoka/navi/.mp3{˜A˜B˜C˜D}
8	Navi				˜	A	˜	B	˜	C	˜	D	::Navi::http://ets.hirokoku-u.ac.jp/hamaoka/navi/.mp3{˜A˜B˜C˜D}
9	Navi				˜	A	˜	B	˜	C	˜	D	::Navi::http://ets.hirokoku-u.ac.jp/hamaoka/navi/.mp3{˜A˜B˜C˜D}
10	Navi				˜	A	˜	B	˜	C	˜	D	::Navi::http://ets.hirokoku-u.ac.jp/hamaoka/navi/.mp3{˜A˜B˜C˜D}
11	Navi				˜	A	˜	B	˜	C	˜	D	::Navi::http://ets.hirokoku-u.ac.jp/hamaoka/navi/.mp3{˜A˜B˜C˜D}
12	Navi				˜	A	˜	B	˜	C	˜	D	::Navi::http://ets.hirokoku-u.ac.jp/hamaoka/navi/.mp3{˜A˜B˜C˜D}
13	Navi				˜	A	˜	B	˜	C	˜	D	::Navi::http://ets.hirokoku-u.ac.jp/hamaoka/navi/.mp3{˜A˜B˜C˜D}
14	Navi				˜	A	˜	B	˜	C	˜	D	::Navi::http://ets.hirokoku-u.ac.jp/hamaoka/navi/.mp3{˜A˜B˜C˜D}
15	Navi				˜	A	˜	B	˜	C	˜	D	::Navi::http://ets.hirokoku-u.ac.jp/hamaoka/navi/.mp3{˜A˜B˜C˜D}
16	Navi				˜	A	˜	B	˜	C	˜	D	::Navi::http://ets.hirokoku-u.ac.jp/hamaoka/navi/.mp3{˜A˜B˜C˜D}
17	Navi				˜	A	˜	B	˜	C	˜	D	::Navi::http://ets.hirokoku-u.ac.jp/hamaoka/navi/.mp3{˜A˜B˜C˜D}
18	Navi				˜	A	˜	B	˜	C	˜	D	::Navi::http://ets.hirokoku-u.ac.jp/hamaoka/navi/.mp3{˜A˜B˜C˜D}
19	Navi				˜	A	˜	B	˜	C	˜	D	::Navi::http://ets.hirokoku-u.ac.jp/hamaoka/navi/.mp3{˜A˜B˜C˜D}

図 6-8　多肢選択問題

（注）音声・画像データは，下記の URL のフォルダに存在するとして話を進めます（これは例なので，実際にはアクセスできません）。この URL は，hirokoku-u.ac.jp というドメインにある ets というサーバの hama というユーザ（使用者）の navi というフォルダを示しています。
　　http://ets.hirokoku-u.ac.jp/hama/navi/

前ページで解説した式を入れておけば，問題名，正解記号部分を入力すると，M 列に原稿ができあがります。できたものは，次のようになります。

```
"::NaviL01Part101:: http://ets.hirokoku-u.ac.jp/hama/navi//001.mp3 {~A~B~C=D}
"
"::NaviL01Part102:: http://ets.hirokoku-u.ac.jp/hama/navi//002.mp3 {~A~B=C~D}
"
"::NaviL03Part101:: http://ets.hirokoku-u.ac.jp/hama/navi//003.mp3 {~A~B~C=D}
"
```

これをテキストファイルに貼り付け，「"」を削除し，文字コードを UTF-8 にして保存します。

GIFT 形式として問題をインポートし，必要があれば，そのあと問題エディタを使って音声のリンクを隠し，画像を貼り込みます。

■ **組み合わせ問題**（作成用 Excel ファイル名：Match.xls）

まず，WdEx.doc（単語抽出用 Word ファイル。使い方は MCbace.doc に準じます）を用いて，テキスト本文より単語を抜き出しておきます。

この Excel ファイルを用いて，10 択単語問題を作ります。10 個の組み合わせ問題を作るためには，次の形の記述が必要です。

```
VOATD_09_01 {=aluminum-> アルミニウム =environment-> 環境 =metal-> 金属 =heavy-> 重い =container-> 容器 =private-> 個人的な =organization-> 組織 =institute-> 学会, 研究所 =produce-> 生産する =environmental-> 環境の, 周囲の, 外界の}
```

形式は，表題部分 {= 英単語 -> 日本語訳　= 英単語 -> 日本語訳 ...} という形です。

通常作成する単語リストは英単語，日本語が並んでいるだけで，この形のリストを作ることには抵抗を感じません。しかし，問題原稿の形にするためには，{ や -> などを挿入しなくてはならないため，手間がかかります。普通の単語リストを作れば問題ができるように Excel の表を組み立てます。

第6章 授業ページ設定の流れ

	A	B	C	D	E
1			英語	日本語	原稿
2	1	1	aluminum	アルミニウム	=aluminum->アルミニウム
3	2	2	environment	周囲の状況,下界,環境,自然環境	=environment->周囲の状況,下界,環境,自然
4	3	3	metal	金属,鉄道レール,装甲車,材料,気性,砂利	=metal->金属,鉄道レール,装甲車,材料,気性
5	4	4	heavy	きつい,重みのかかった,セクシーな,すばら	=heavy->きつい,重みのかかった,セクシーな
6	5	5	container	容器,コンテナ,入れ物	=container->容器,コンテナ,入れ物
7	6	6	private	一個人の,私有の,個人的な,私用の,内密	=private->一個人の,私有の,個人的な,私用
8	7	7	organization	組織化,組織,生物,団体	=organization->組織化,組織,生物,団体
9	8	8	institute	1.会,学会,研究所,工科大学,協会,2.設立す	=institute->1.会,学会,研究所,工科大学,協
10	9	9	produce	生産する,演出する,生産高,を産む,を製造	=produce->生産する,演出する,生産TOEIC1
11	10	10	environmental	環境の,周囲の,外界の	=environmental->環境の,周囲の,外 =alum
12	11	1	cost	(cost – cost – cost) 1.(人にとって)高くつ	=cost->(cost – cost – cost) 1.(人にとって)

図6-9 組み合わせ問題作成用Excelシート

このシートは少し複雑なので,「単語」と「原稿」という2枚のシートを連携させています。筆者が実際に使用しているものは,「辞書」を引く機能を付け加えているので,3枚のシートを組み合わせています。

① **1枚目のシート（単語）**は,次のようになります。

AB列	整理用番号です。
C列	英単語（ここへ英単語を貼り付けます）
D列	日本語訳が検索され表示されます。 数式：=VLOOKUP(C2,辞書!$A$2:$C$11889,3,FALSE) が,辞書のシートからA列の単語の日本語訳を検索して表示します。
E列	問題原稿の形に整えます。 数式：=CONCATENATE("=",C2,"->",D2) 英単語, ->（矢印）,日本語訳の1セットを作成します。
F列	10行おきに,以下の数式が入ります。 数式：=CONCATENATE(" {",E2,$B$1,E3,$B$1,E4,$B$1,E5,$B$1,E6,$B$1,E7,$B$1,E8,$B$1,E9,$B$1,E10,$B$1,E11,$B$1,"}") $B$1には空白が入っています。10セットを1行にまとめます。

これで,10択の形になります。選択肢数は,単語と訳のセットをつなぐ個数を変えれば適宜変えることができます。ここで用いているCONCATENATE( )という関数は,文字列を結合するときに使うExcelの関数です。

初めの10行が完成したら,10行ごとにコピーし,必要なだけ下方向に貼り付けます。

② **2枚目のシート（原稿）**では，それぞれの問題セットに表題を付け，コピーしやすいように並べる部分を作ります。

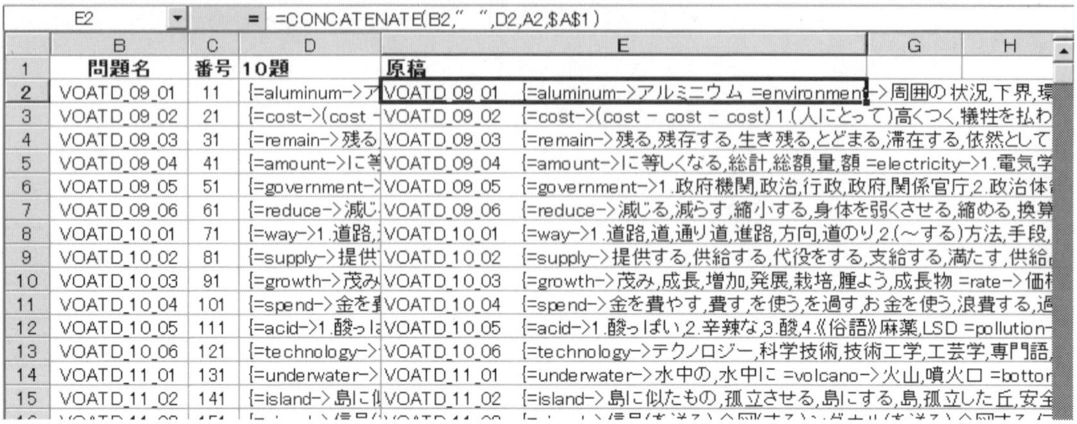
E2 = =CONCATENATE(B2," ",D2,A2,$A$1)

	B	C	D	E
1	問題名	番号	10題	原稿
2	VOATD_09_01	11	{=aluminum->ア	VOATD_09_01 {=aluminum->アルミニウム =environment->周囲の状況,下界,環
3	VOATD_09_02	21	{=cost->(cost -	VOATD_09_02 {=cost->(cost - cost - cost) 1.(人にとって)高くつく,犠牲を払わ
4	VOATD_09_03	31	{=remain->残る,	VOATD_09_03 {=remain->残る,残存する,生き残る,とどまる,滞在する,依然として
5	VOATD_09_04	41	{=amount->に等	VOATD_09_04 {=amount->に等しくなる,総計,総額,量,額 =electricity->1.電気学
6	VOATD_09_05	51	{=government->	VOATD_09_05 {=government->1.政府機関,政治,行政,政府,関係官庁,2.政治体
7	VOATD_09_06	61	{=reduce->減じ	VOATD_09_06 {=reduce->減じる,減らす,縮小する,身体を弱くさせる,縮める,換算
8	VOATD_10_01	71	{=way->1.道路,	VOATD_10_01 {=way->1.道路,道,通り道,進路,方向,道のり,2.(～する)方法,手段,
9	VOATD_10_02	81	{=supply->提供	VOATD_10_02 {=supply->提供する,供給する,代役をする,支給する,満たす,供給
10	VOATD_10_03	91	{=growth->茂み	VOATD_10_03 {=growth->茂み,成長,増加,発展,栽培,腫よう,成長物 =rate->価
11	VOATD_10_04	101	{=spend->金を費	VOATD_10_04 {=spend->金を費やす,費す,を使う,を過す,お金を使う,浪費する,過
12	VOATD_10_05	111	{=acid->1.酸っぱ	VOATD_10_05 {=acid->1.酸っぱい,2.辛辣な,3.酸,4.《俗語》麻薬,LSD =pollution-
13	VOATD_10_06	121	{=technology->	VOATD_10_06 {=technology->テクノロジー,科学技術,技術工学,工芸学,専門語,
14	VOATD_11_01	131	{=underwater->	VOATD_11_01 {=underwater->水中の,水中に =volcano->火山,噴火口 =bottor
15	VOATD_11_02	141	{=island->島に似	VOATD_11_02 {=island->島に似たもの,孤立させる,島にする,島,孤立した丘,安全

図6-10　2枚目のシート（原稿）

図6-10では見えませんが，A1のセルには改行コードが入っています。B列には問題名（適宜命名します），D列には先ほど作った単語シートにある10問1組になったものが入ったセルへの参照が入っています。数式が=+単語!F21，=+単語!F31のように入っています。

E2には，B2とD2をつなげたものに改行（A1に入っているので$A $1を指定）をつなげたもの，数式：=CONCATENATE(B2," ",D2, $A $1) が入っています。

③ **3枚目のシート（辞書）**には，A列・単語とC列・意味の項目があり，このファイルでは11889行まで単語と意味が入っています。

これで，小テストの問題原稿を作るための作業は，英単語リストの作成と，それをこの表に貼り付けるだけになりました。1枚目の英単語の表B列を埋め，2枚目のシートのB列の問題名を入れると，E列に原稿ができあがります。

あとは，この原稿をテキストエディタ（秀丸エディタなど）に貼り付け，テキストエディタの置換機能で「"」を削除し（図6-11），文字コードをUTF-8に設定して保存すればできあがりとなります（図6-12）。

日本語文字コードは，Windowsの場合**Shift-JIS**という形式ですが，Linuxは**UTF-8**という形式です。保存する際に，サーバの日本語コードと合わせます。

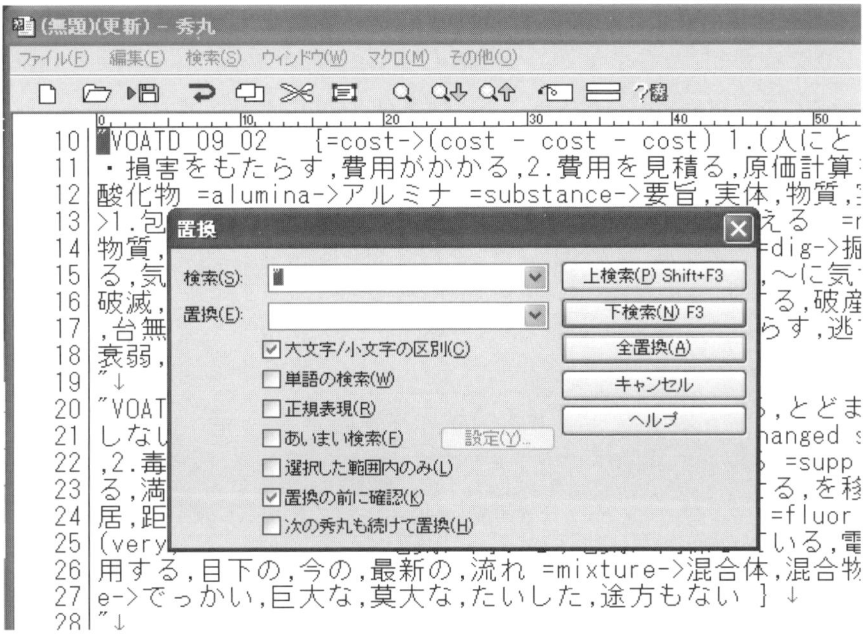

図 6-11 「"」の削除

図 6-12 文字コード UTF-8 で保存

こうしてできたテキストファイルを小テストの問題作成機能からアップロードし，読み込むと，Moodle で利用できるようになります。いったんサーバに保存すると，Moodle の Question bank から利用可能となるので，汎用の問題を作っておけば何回でも利用できます。Moodle には問題や選択肢の順番を変える機能もあるので，同じ問題でも見た目が変わります。

■ **スペリング問題**（作成用 Excel ファイル名：spelling.xls）

スペリング問題も，前述したのシートの応用で作ることができます。詳しくは解説しませんが，図 6-13 のような問題を作ることができます。問題原稿は，次のようになります。

```
発見する,気づく,分かる d_____{=discover}
```

図 6-13 スペリング問題

■ Excel の関数の使い方

問題作成用 Excel シートで使われている Excel の関数を，2つだけ確認しておきます。シートを改造するときの参考にしてください。

vlookup()

vlookup 関数は，①表から，②指定した値が入力されている行を抽出し，③その列の指定した位置に入力されているデータを表示します。

〔書式〕	=vlookup(検索対象文字列 , 検索対象セル , 抽出列 , 検索の型)
〔検索対象文字列〕	検索をしたい文字列あるいは文字列の入ったセル番地
〔検索対象セル〕	検索対象となる表が入力されているセルの範囲
〔抽出列〕	検索対象文字列が入力されている行の何列目を表示するかを指定，検索対象セルの一番左の列から数えて何列目にあたるかを数字で入力
〔検索の型〕	通常検索の場合には「FALSE」を指定

CONCATENATE ()

複数の文字列を結合して1つの文字列にまとめます。

〔書式〕	CONCATENATE (文字列 1, 文字列 2, ...)

文字列を30個までしか指定できないので，注意が必要です。また，文字列だけでなく，数値やセル参照も指定できます。

A1 セルに This，B1 セルに is，C1 セルに a pen が入っており，D1 セルに =CONCATENATE (A1," ",B1," ",C1,".") と記入しておけば，D1 セルには This is a pen. と表示されます。

C1 を変えれば，さまざまな文ができることがわかるでしょう。

6.2.6 問題原稿を作るテキストエディタ

117 ページの図 6-12 で，秀丸エディタで問題原稿を文字コード UTF-8 として保存しました。他のテキストエディタでも，文字コードを変更するオプションがあるので，それを利用します。

Windows 標準のメモ帳やワードパッド，Word などでは，この形式では保存できないので適切なテキストエディタを手に入れます。フリーのものでも十分です。無償であっても機能に変わりはありません。参考に，テキストエディタを2つ紹介しておきます。

TeraPad（無償）　　　http://www5f.biglobe.ne.jp/~t-susumu/library/tpad.html
秀丸エディタ（有償）　　　http://hide.maruo.co.jp/

6.2.7 Excel，Word のファイルリスト

問題作成に利用できる Excel，Word のファイルをリストしておきます。著者のウェブサイト
　http://www.geocities.jp/yhamaoka_eca/
よりダウンロードして，利用してください。

WdEx.doc	単語抽出用 Word ファイル
MCbase.doc	穴埋め問題（Cloze）作成用 Word ファイル
Multi.xls	多肢選択問題作成用 Excel ファイル
Match.xls	組み合わせ問題作成用 Excel ファイル
Spelling.xls	スペリング問題作成用 Excel ファイル
TF.xls	○×問題作成用 Excel ファイル
ABS.xls	出欠席計算例 Excel ファイル

3択4択の変更や組み合わせ問題の組み合わせ数は，適宜シートを変更してください。

6.3 問題の設定

問題原稿ができたら，Question bank に登録し，それから当該のコースの授業ページに問題を設定します。

6.3.1 Question bank に登録する

Question bank に入るには，いくつかの方法があります。次の②-a，②-b，②-c のいずれかを用います。そのあとは，問題形式により手順が違います（③-a，③-b，③-c）。最後に，必要であれば微調整を行います。

① その問題を登録するコースに入ります。

②-a コーストップページの管理メニューから「問題」をクリックすると，Question bank へ直行します。

②-b 「編集モードの開始」のリンクをクリックし，授業ページの「活動の追加」から「小テスト」を選びます。設定に必要な事項を入力し，「変更を保存する」をクリックします。すると Question bank の画面になります。これは，授業ページに，テストを新規に設定する手順の中で行う方法です。

②-c 授業ページで，すでに設定してある小テストをクリックします。すると Question bank の画

面になります。授業ページに，問題を設定せずに問題の登録だけを行えます。

③-a　**GIFT フォーマットで登録**する場合は，「インポート」より「アップロードしたファイルからインポート」の部分からファイルを参照して該当のファイルを指定し，「このファイルをアップロードする」をクリックします（図 6-14）。「続ける」を押し，先へ進むと Question bank に問題が登録されます。エラーがでる場合は，ファイルの文字コードや含まれている制御用の ~，%，/ などの記号の混入がないかを調べます。

③-b　**穴埋め問題（Cloze）**の場合は，「問題の作成」のプルダウンメニューから「穴埋め問題（Cloze）」を選びます（図 6-15）。図 6-16 の画面で，問題名と問題テキストを入力し，「変更を保存する」をクリックします。これで，Question bank に問題が登録されます。

③-c　「問題の作成」のプルダウンメニューから形式を選び，**問題エディタ**で 1 問ずつの設定も可能です。

④　**問題の微調整，音声にリンクした URL のアイコン化，画像の挿入**を行う場合には，Question bank 内の問題を選び，編集アイコンをクリックし，必要な操作を行います。細かな修正は，ここから行うと便利です。

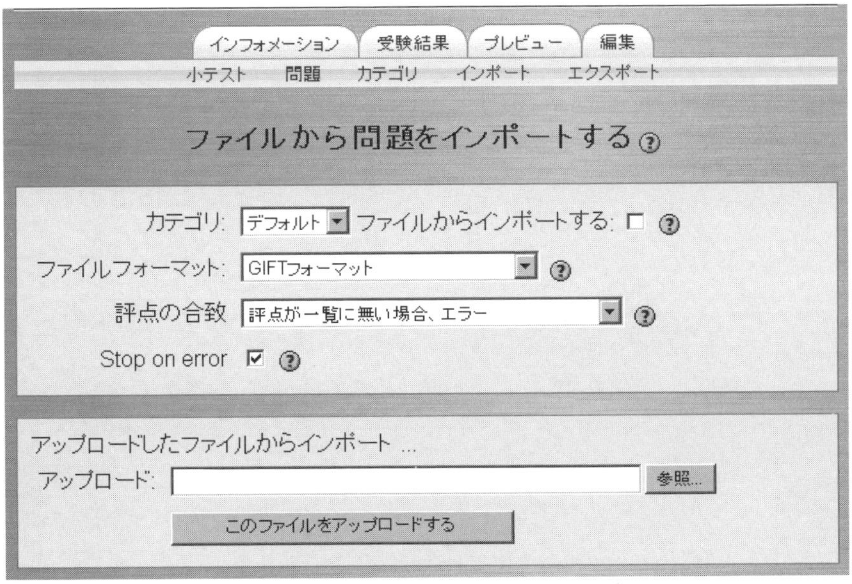

図 6-14　ファイルをアップロードする

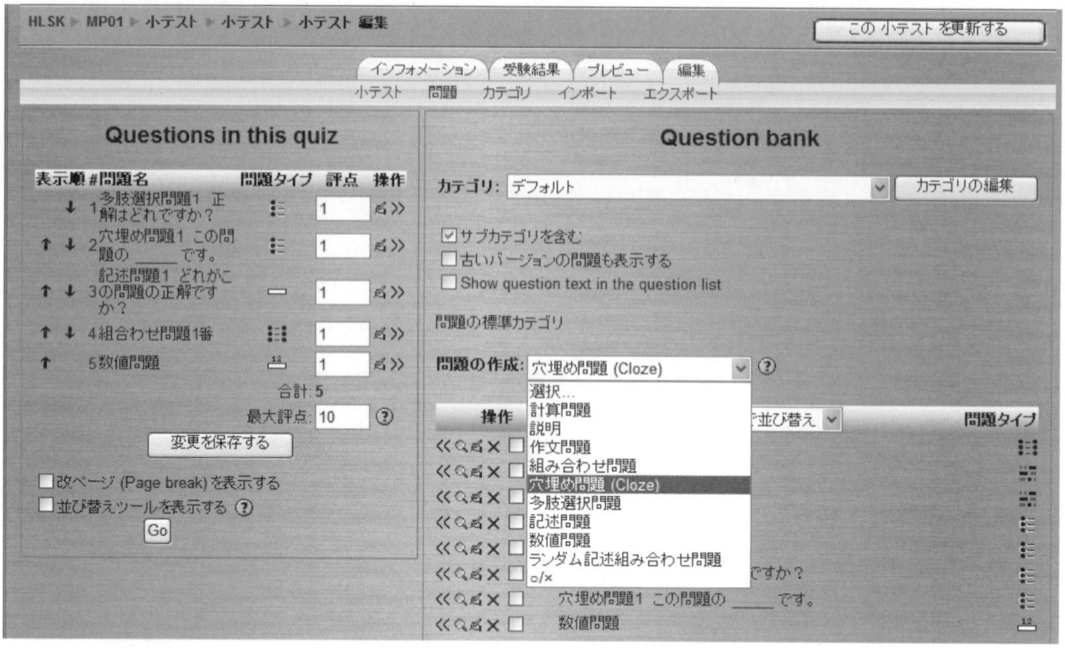

図 6 - 15　穴埋め問題 (Cloze) を選ぶ

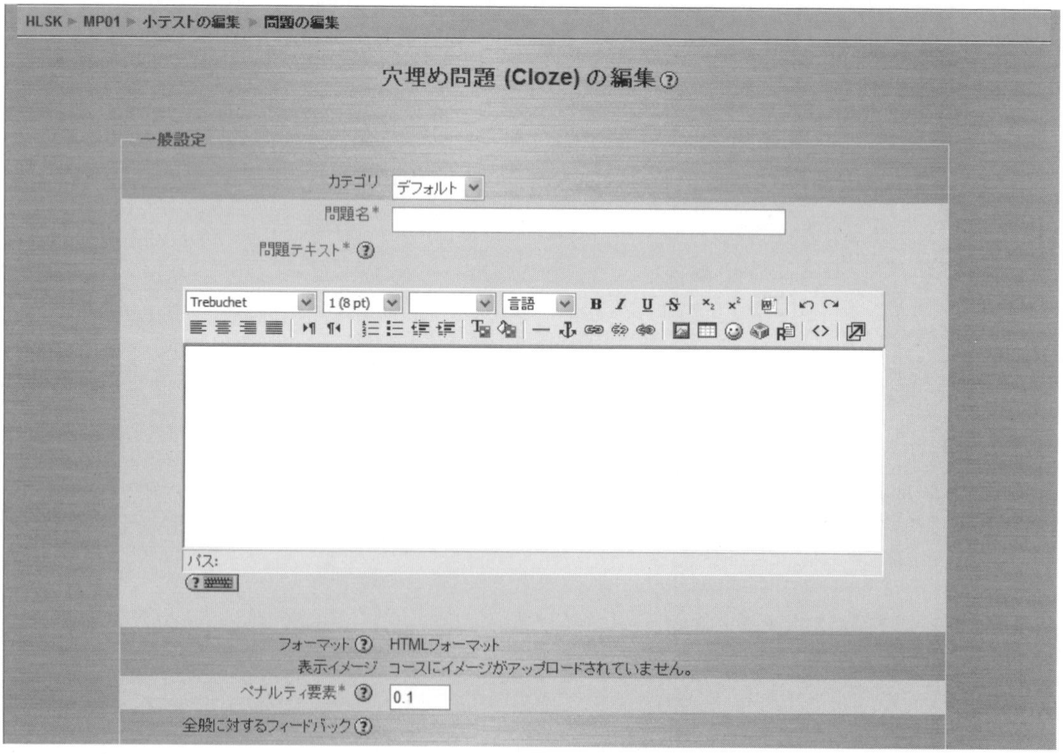

図 6 - 16　穴埋め問題 (Cloze) の編集

■ 音声にリンクする

問題に，音声と画像を挿入する手順を見ていきます。ここでは，穴埋め問題を例にとります。

次の原稿は，1行目に音声のURL，2行目にそのテキストの穴埋め問題（{ }に囲まれた部分が穴埋め），3行目にその日本語訳という形をとっています。

1行目	http://www.****/****/****.mp3
2行目	She needs your help to {:SHORTANSWER:=succeed}
3行目	彼女が成功するのにはあなたの助けが必要です。

Question bankの「問題の作成」より穴埋め問題（Cloze）を選び，この原稿を図6-17のように入力します。

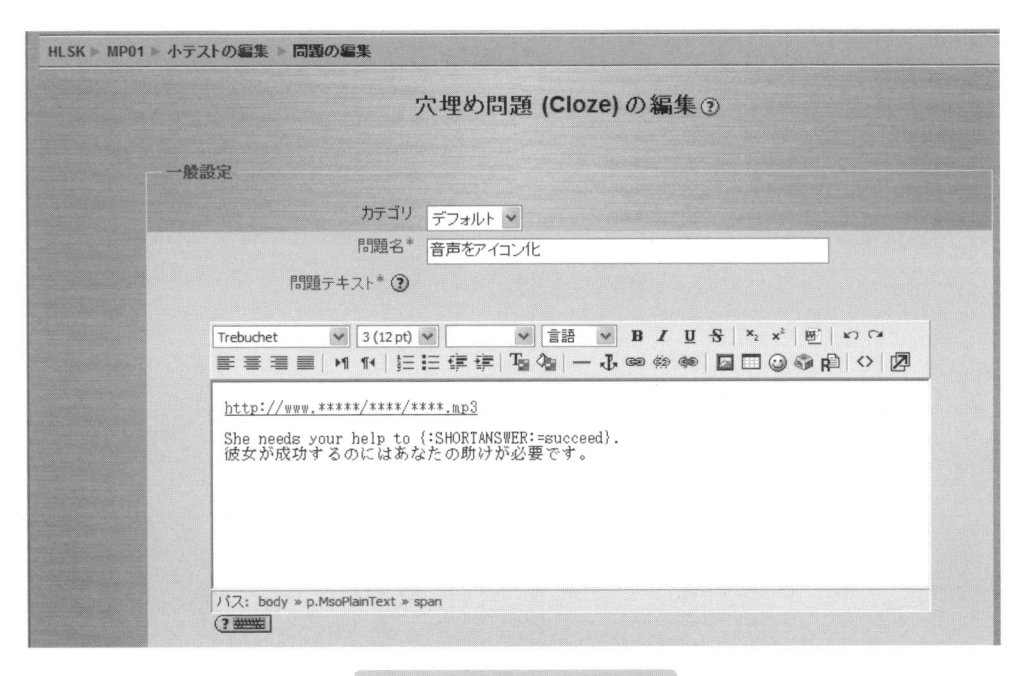

図6-17 音声のリンクの調整

このままでもURLは青色のリンクで表示され，クリックすれば音声を聞くことができます。URLがリンクに変換されていないときは，問題エディタで当該問題を開き，URLの記述の最後尾にカーソルを置き，改行するとリンクに変換されます。

しかし，リンクのままでは見苦しいので，筆者は図6-18のようにURLをスマイリーに変えています。

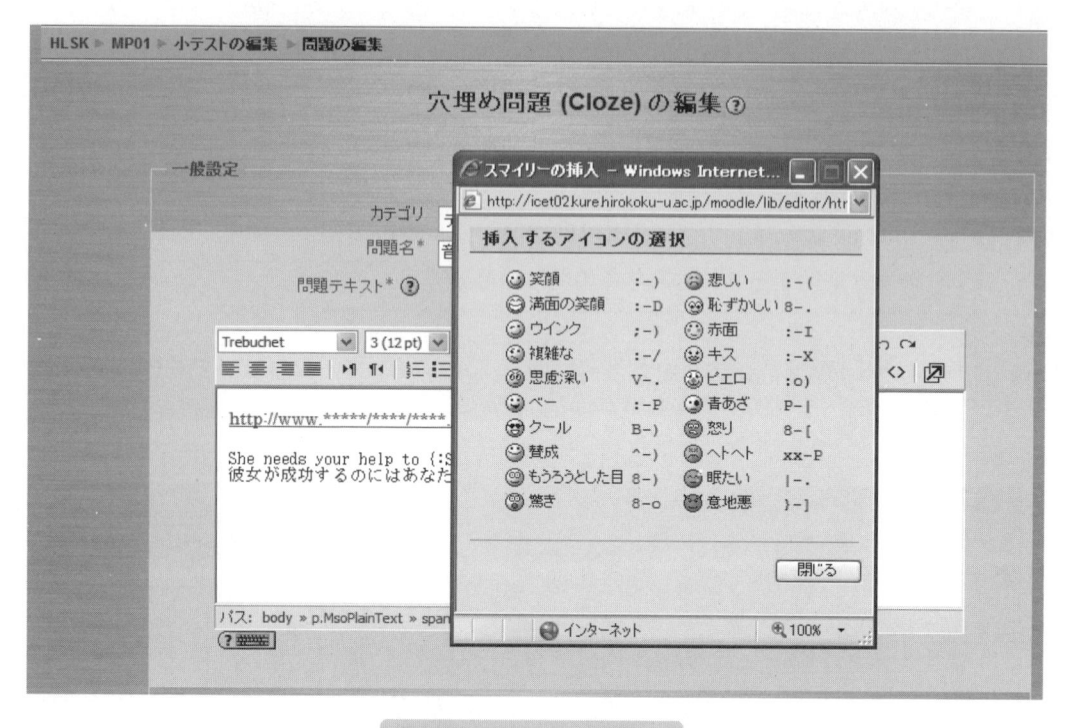

図6-18 スマイリーの挿入

URLをスマイリーに変える手順は，URL部分を選択しハイライトさせ，スマイリーの挿入ボタンからスマイリーを選択します。これで体裁がよくなります。図6-19ではURLがスマイリーになっています。

図6-19 URLがスマイリーに隠された

第 6 章　授業ページ設定の流れ

■ **画像にリンクする**

　音声の場合，URLを書いておけばURLと認識し利用できますが，画像は，挿入位置を指定し，URLを入力して設定する形になります。

　データの保存場所により，2つの方法があります。

① 　データサーバにある場合

　筆者の場合，学校のネットワーク内に，etsという名前のサーバがあり，その中のhamaokaの領域の中にimagesというフォルダがあります。そこにFish.jpgという魚の写真があるとします。これを，先ほど音声を貼り込んだ穴埋め問題（Cloze）に挿入します。

　このファイルのURLは次のようになります。

http://ets.hirokoku-u.ac.jp/hamaoka/images/Fish.jpg

② 　Moodleのコースディレクトリを使う場合

　Moodleのコースディレクトリに，画像ファイルをアップロードしておく必要があります。画像挿入画面（図6-20）の下部にファイルの「アップロード」がありますので，教材を作成しているコンピュータにあるファイルをアップロードします。するとディレクトリの中身を参照しながら挿入するファイルを選択できます。

　必要があれば，「アップロード」の一段上にある「フォルダの作成」を用いて新しいフォルダを作り，整理をします。

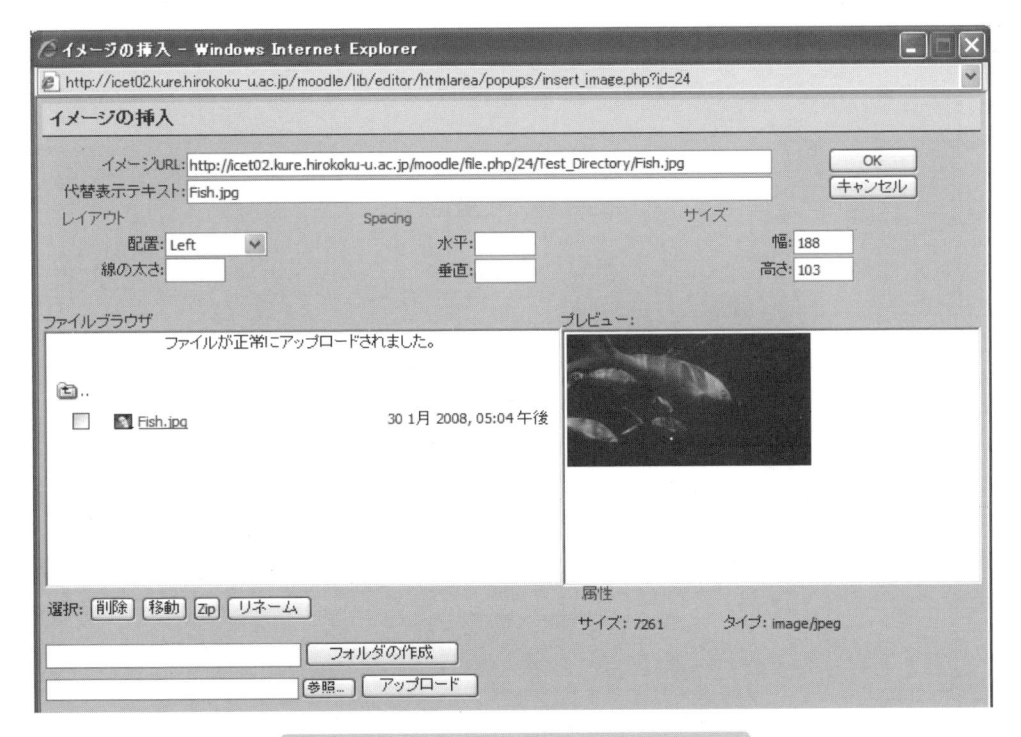

図 6-20　コースディレクトリへアップロード

■ 挿入手順

　Question bank で問題を選び，編集アイコンをクリックし，穴埋め問題（Cloze）の編集画面へ行きます。挿入したい場所をマウスでクリックし，カーソルを移動します。イメージの挿入ボタン（絵画のアイコン）をクリックすると，イメージの挿入画面になります。

　図 6-20 の挿入画面で，イメージ URL に，前ページの①の場合はサーバにあるファイルの URL を入力し，②の場合はコースディレクトリにあるファイル名をクリックすると自動的に URL が入力されます。配置は適宜選びます。大きさは後で調整できますので，代替表示テキスト名を入力して右上の OK ボタンをクリックすると，図 6-21 のように取り込まれます。

　ここで，画像の大きさを適切に調整します。画像をクリックして選択し，隅の部分にマウスカーソルをあて動かせば変更できます。最後に，忘れずに「変更を保存する」をクリックしておきましょう。

　図 6-21 では上部に同じ画像が 2 枚見えていますが，これはカーソルが入力画面の適切な場所になかったためのエラーです。あわてる必要はありません。ドラッグして入力画面の中にドロップするか，新たに挿入手順を繰り返します。編集画面に画像が取り込まれていないと画像は正しく挿入されないので，これらの画像は無視してかまいません。

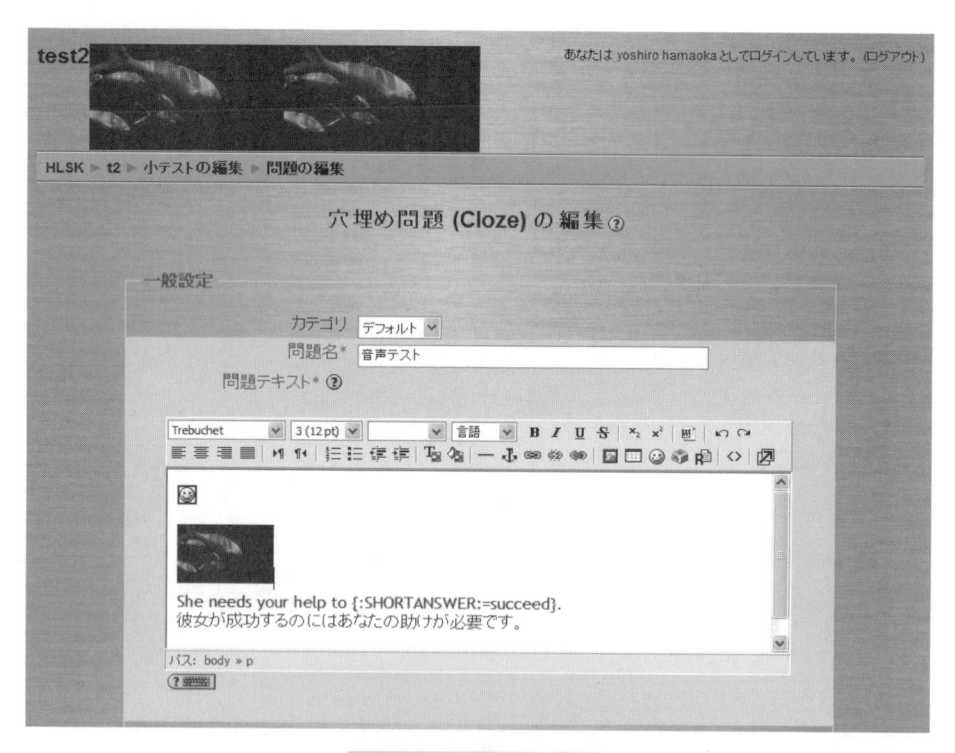

図 6-21　画像設定画面

　これで，音声と画像を伴った穴埋め問題（Cloze）のできあがりとなります。画像の URL を書いておくと自動でリンクになる設定があればよいのですが，現状ではありません。

6.3.2 授業ページに登録する

ここで，当該コースの授業ページに問題を設定します。まず，テストの枠組みを設定した後に，Question bank から問題を登録します。

■ 小テストの枠組みを作る（図6-22）

「一般設定」では，「名称」の入力は必須です。「イントロダクション」に，学習者に対する指示が必要であれば記入します。

「タイミング」では，「小テスト公開」，「終了日時」，「制限時間」の3点は，必要があれば設定します。設定しないで「No」にチェックが入ったままであれば，いつでも受験できます。

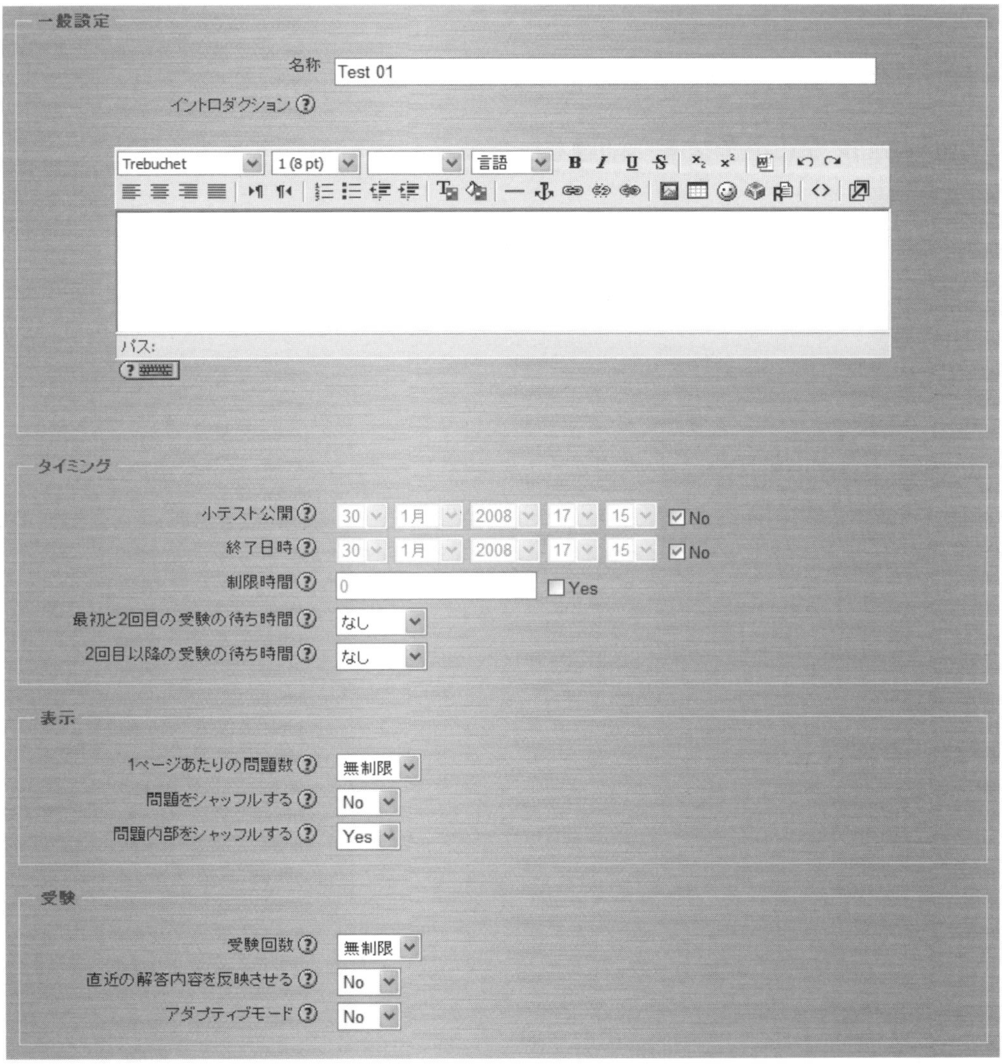

図6-22 小テスト設定画面

「**受験**」の「**受験回数**」は，練習問題の場合は何回かできるようにしておくと，学生は高得点を目指してドリル効果が望めます。

「**学生はレビューできる**」では，「受験後すぐに」，「小テスト実施中」，「テスト終了後」とありますが，筆者は，テストとして使う場合は通常，「小テスト実施中」をレビュー可能にしていません。「小テスト実施中」を可能にすると，解答した後すぐに結果を知ることができます。受験の「アダプティブモード」と組み合わせると，試行錯誤の中で正解を探していくといった方法がとれます。リスニング問題などで，自分が聞き取れたと考えた語句を入力し，その語句が正しければ緑，間違っていれば赤で表示されるので，聞き取りを確かめながら進めることができます。

「**セキュリティ**」では，「小テストを「セキュア」ウィンドウに表示する」にすると，コピーがしにくくなります。定期テストの場合は設定するとよいでしょう。

「**パスワード**」を設定すると，パスワードを教室で与えることにより，出席している者しか受験できなくなります。

■ **Question bank から小テストへ問題を登録する**

・小テスト編集画面

新しい小テストの枠組みができると，自動的に問題を登録する画面になります。この画面では，タブの操作で，そのテストの基本情報，その更新，受験の結果，問題のプレビュー，さらに問題の差し替えや編集ができます。

図 6-23 を見ると，一番上に，当該小テストの「**インフォメーション**」，「**受験結果**」，「**プレビュー**」，「**編集**」の 4 つのタブが見えます。現在は「編集」のタブの画面です。「プレビュー」では問題の動きや設定した解答の様子を見ることができます。「インフォメーション」と「受験結果」は，小テストの実施中や実施後に参照するためのものです。

4 つのタブの下に，「**小テスト**」，「**問題**」，「**カテゴリ**」，「**インポート**」，「**エクスポート**」のリンクがあります。

「**小テスト**」では，編集画面を用いて，Question bank の問題を追加し編集します。

「**問題**」では，表示が Question bank のみになり，問題の追加やインポート・エクスポートを行います。

「**カテゴリ**」は，問題カテゴリの作成，移動，公開などを行います。

「**インポート**」では，GIFT 形式などの問題をインポートします。

「**エクスポート**」では，問題をファイルにエクスポートし，保存や他のシステムへの移動を行います。

「**小テスト**」の問題設定画面は，左右に分かれています。右側には **Question bank** があります。左側には **Questions in this quiz**（現在の小テストに入る問題のリスト）があります。

第 6 章　授業ページ設定の流れ

- **Question bank**

「**カテゴリ**」を選択することで，そのカテゴリの問題リストを示します。また，問題の作成やインポートを行うと，できた問題は表示されているカテゴリに入ります。

「**問題の作成**」で形式を選ぶと，その形式の問題を作成する問題エディタが起動します。

一番下の部分には操作，問題名，問題タイプの項目の下に，登録されている**問題のリスト**が並んでいます（図 6-23 の右側参照）。問題のリストは，問題名，問題タイプ，作成日時で並べ替えられます。ページが多数にわたり該当の問題が見つけにくい時には，「すべてを表示」をクリックすることで，すべての問題を見渡すことができます。

「**操作**」は，アイコンをクリックして行います。小テストに追加，問題のプレビュー，編集，削除，選択が行えます。また，チェックボックスにチェックを入れて，選択したものについては，小テストに追加，削除，カテゴリの移動が行えます。

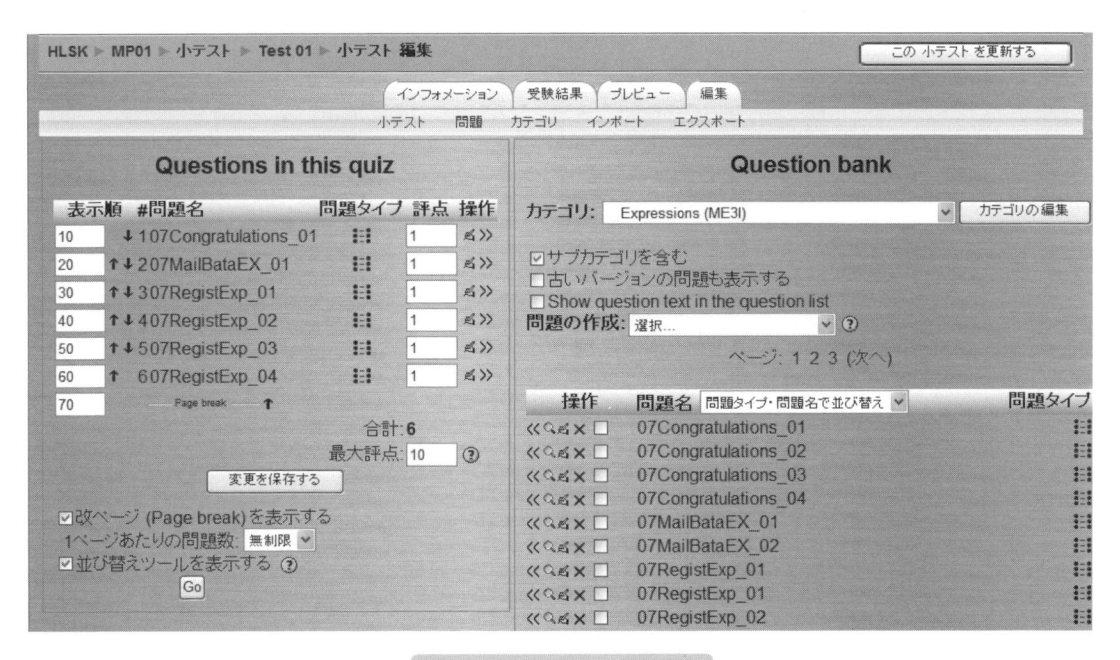

図 6-23　小テスト編集画面

- **Questions in this quiz**（現在の小テストの問題リスト）

図 6-24 を見てください。「表示順」，「問題名」，「問題タイプ」，「評点」，「操作」の項目が立ててあり，現在の小テストに設定されている問題のリストがその下に出ています。

それぞれの問題について，リストから削除（≫のアイコン），編集（ペンを持った手のアイコン）の操作ができます。問題が多数になると，出題される際，表示されるページが長くなり学習者が画面を操作しにくくなります。問題の種類や内容の区切りごとに，**改ページ**を表示するとよいでしょう。1 ページに何問出題するかを設定できます。

問題を登録してから順序を変更する場合は，矢印（↑↓）で動かすか，**並び替えツール**を使います。並び替えツールにチェックを入れると，問題の脇に 10 おきの行番号が付きますので，問題を移動したい位置に相当する番号を入力します。たとえば，現在 60 の問題を 20 と 30 の間に配置したい場合は，60 を 25 と書き替え「Go」ボタンをクリックすれば順序が変わります。

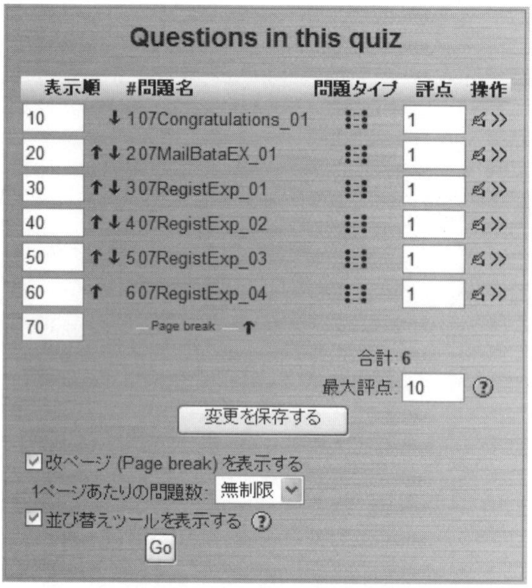

図 6-24　並び替えツールで出題順序を変える

6.4 問題管理

Question bank のカテゴリと問題名，さらにコースと，3つで管理することになります。

■ コース

問題の保存は，コースの中で行われます。コースの中に単語，穴埋め，多肢選択など問題形式や要旨，内容真偽などの問題内容，あるいは Lesson ごとなど適宜カテゴリを作り，その中に個々の問題名を付けて保存します。

■ カテゴリ

問題をカテゴリに分類する際に注意しておくべきことは，「デフォルト」というカテゴリが存在することです。簡単に言えば，コースが Moodle にある問題群の最上位のカテゴリであるということです。

一切カテゴリを指定せずに問題を追加すると，現在使用しているコースのデフォルトのカテゴリの中に入れられます。しかし，問題が多くなってくると，カテゴリを作って整理しないと収拾がつきません。

カテゴリ作成で注意すべきことは，違うコース，たとえば，コース A と B で同じ名前のカテゴリを作ると，別の問題集団として区別されることです（図 6-25 参照）。2 つの同じ内容のコースを教えている場合，混乱しないよう注意が必要です。

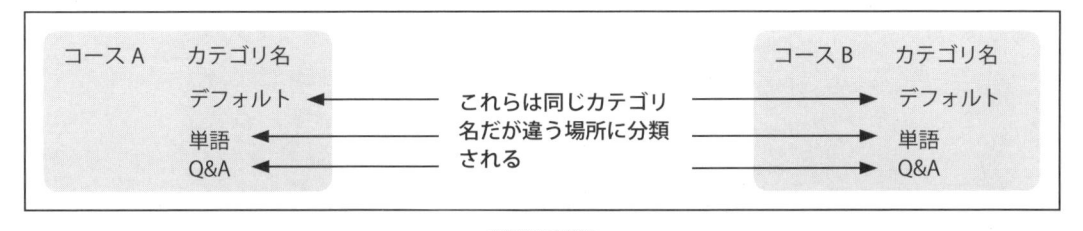

```
コース A    カテゴリ名                                  コース B    カテゴリ名
           デフォルト  ←── これらは同じカテゴリ ──→        デフォルト
           単語       ←── 名だが違う場所に分類 ──→        単語
           Q&A       ←──     される       ──→        Q&A
```

図 6-25

図 6-26 と図 6-27 を例にとって，もう少し詳しく解説します。この例では，ME3A と ME3I の 2 つのコースがあります。内容は変わらないコースです。両方のコースに Yahoo Site というカテゴリがあります。図 6-26，図 6-27 とも ME3A のコース内で表示した，Question bank とカテゴリの編集の画面です（ME3A のコース内で見ており，既定なので，Yahoo Site の後ろに（ME3A）は表示されていません）。図 6-27 のようにカテゴリを編集すると，図 6-26 では Yahoo Site の下に 4 つのカテゴリが表示されています（上の丸の中）。下の丸の中には Yahoo Site（ME3I）と表示され，やはり 4 つの同じカテゴリが示されています。このような形で問題の管理はコースごとになっています。

したがって，問題を共有するには公開しなければなりません。2 つ以上のコースで同じ問題を共有する場合は，ダミーのコースを作ってそのコースで問題管理をするか，どちらか一方のコースにまとめると混乱が少ないでしょう。

問題はカテゴリ間で移動できるので，カテゴリの編集画面から「カテゴリの移動」を使って整理するとよいでしょう。移動の方法を，図 6-28 を見ながら解説します。Question bank の操作の欄で移動したい問題を選びチェックを入れます。「小テストに追加する」，「削除」，「移動」，「選択したものを：」の部分の「選択したものを：」の下のカテゴリに移動先を選択表示させ，「移動」をクリックします。するとそのカテゴリに問題が移動します。ここに目的の移動先が表れないときは，目的のカテゴリのあるコースへ入り，カテゴリを公開してから，再度手順を繰り返します。

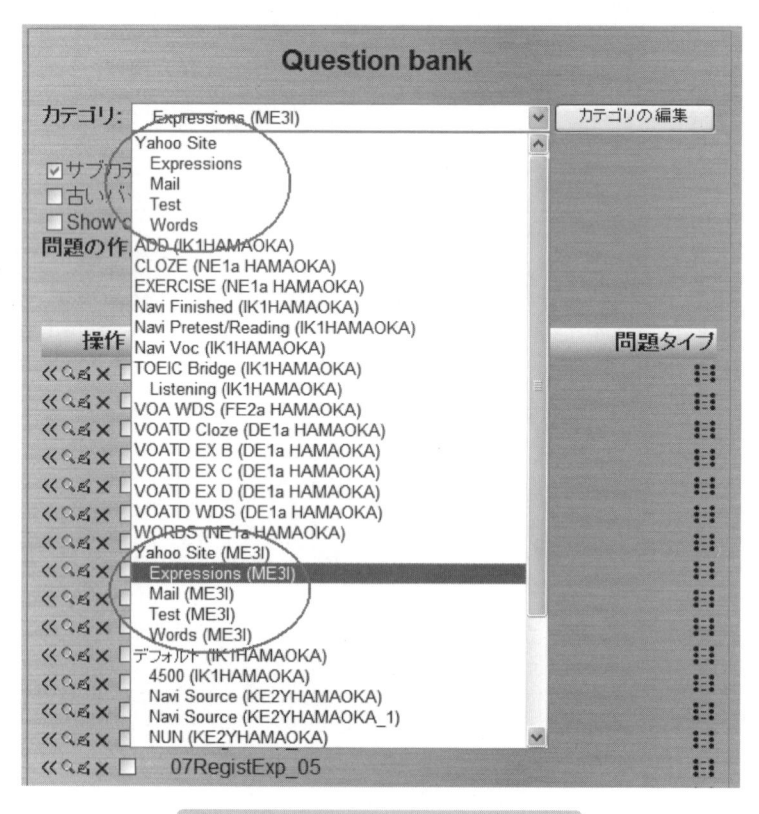

図 6 - 26　同じカテゴリでも区別される

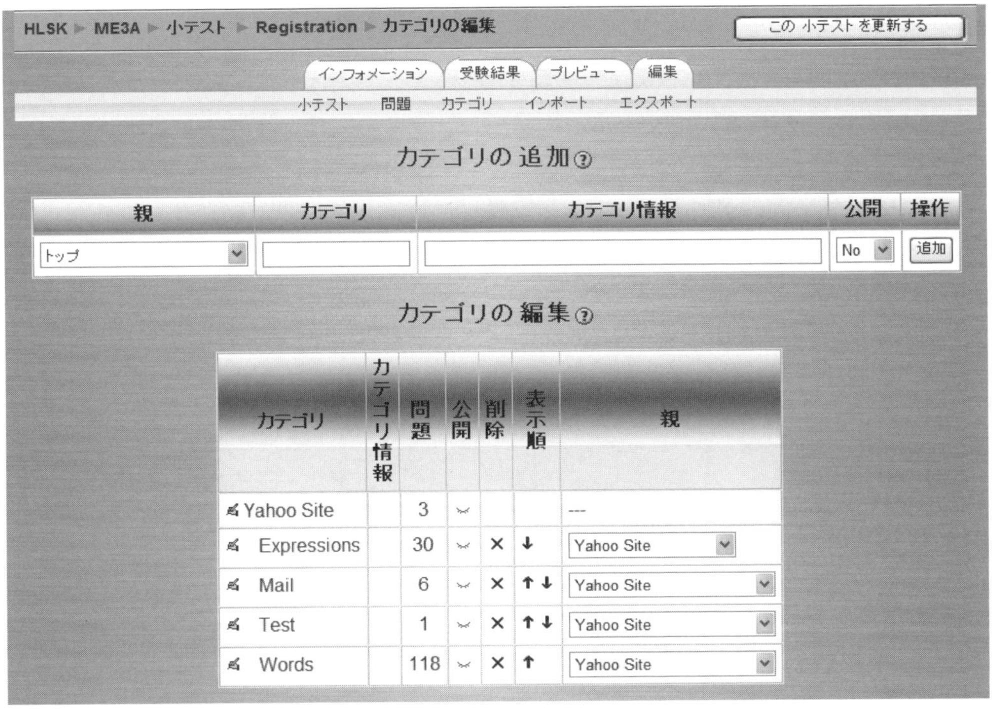

図6-27　カテゴリの編集

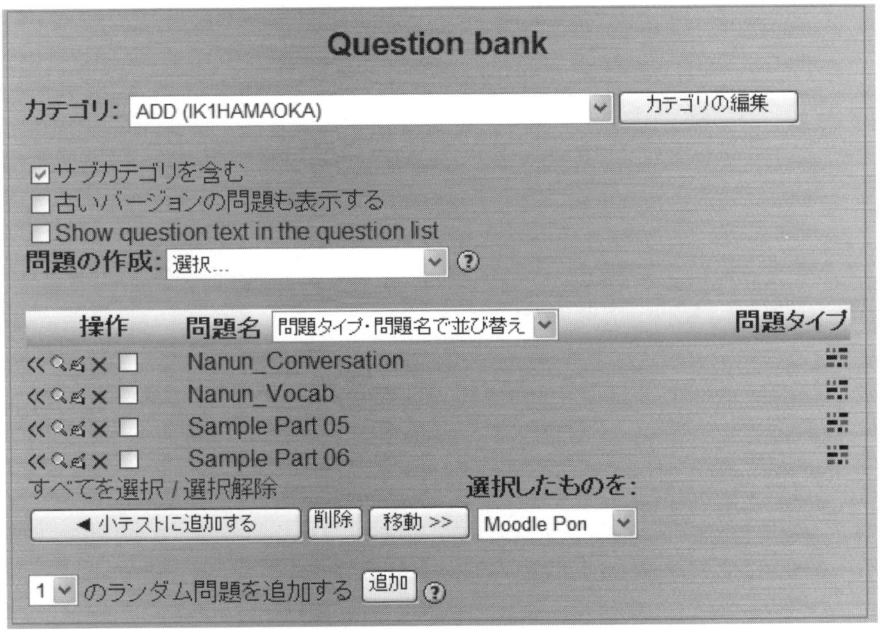

図6-28　問題をカテゴリ間で移動

■ **問題の命名**

問題の命名は，単純な数字の番号よりも内容が推測できるものがよいでしょう。
次に命名の例をあげます。

VOATD11_WDS_01	教科書名 + レッスン番号 + 問題内容 + 問題番号
	VOATD　　　　11　　　　WDS　　　　01

上の例は単語問題なので，内容部分をW(OR)DSとしてあります。
多年度にわたってコースを利用する場合の例を下に示します。

07VOATD11_WDS_01	年度 + 教科書名 + レッスン番号 + 問題内容 + 問題番号
	(20)07　　VOATD　　　　11　　　　WDS　　　　01

いずれにしてもきちんとした命名規則を決めておく必要があります。

■ **問題の公開**

それぞれのカテゴリを，カテゴリの編集画面で設定して「公開する」設定にすることもできます。そうすれば，カテゴリ（およびそれに含まれる問題）が，このサーバのすべてのコースで利用できるようになります。他のコースの担当者が，問題を利用することもできます。
また，コースを越えて問題のカテゴリ間の移動を行う場合は，公開されていることが条件となります。

6.5　リソースの作成・設定

教育資源は，コンピュータに保存できる形に加工しておけば，それらをMoodleのサーバ，あるいは自分のデータサーバに保存するだけで，あとはリンクを張れば利用できます。
また，今までに作成したwebページなどがあれば，そのまま教材作成画面の「ウェブページの作成」で貼り付けてもよいし，すでにサイトを持っている（自分でWebページを作成し公開している）場合は，必要ページにリンクを張れば利用できます。

■ **リソースとして設定する場合**

「リソースの追加」から「ファイルまたはウェブサイトにリンク」を選び，タイトルとURLを入力

するだけで利用できるようになります。

　リンクする資源（音声・画像・動画など）は，Moodle サーバか自分のデータサーバへアップロード（FFFTP などで転送）し，リソース設定画面から「ファイルまたはウェブサイトにリンク」でリンクを設定します。インターネット上の資源もリンクを張ることで利用できます。

■ 教材内で利用する場合

　Word やテキストファイルの形で作ってある教材は，教材作成画面で貼り付けられます。次の手順で貼り付けます。

| 編集手順 | リソース ➡ 「テキストページの作成」または「ウェブページの作成」 |

　また，リンクは教材内部，すなわち問題の中や指示の中など大体どこにでも張ることができます。リンクは，音声・画像・ビデオファイル，外部のデータや Web ページへも張ることができます。

・教材内にリンクを張る場合
　リンクを張りたいテキストあるいはアイコンを選択して，ツールバーのリンクボタン（鎖のアイコン）をクリックします。設定画面で，リンクしたい URL を入力します。

■ リソースの管理

　Moodle では，リソースを管理するシステムはありません。教師自身が常日頃行っている方法で管理すればよいのですが，ファイルなどの命名法は一貫性のあるものにしておくべきでしょう。

中間・期末テスト評価 実況中継

中間テスト前

　来週はテストとなった。問題の設定をしなくてはならない。中間テストゆえ復習問題を中心にしよう。単語・語句を各課2セット，内容チェック問題1セット，穴埋め問題（Cloze）を1課おきに出そう。解答用紙で答える和訳も5題出そう。期日と時間を設定して問題は当日まで非表示にしておこう。

　セットし終わった。ここで，出席を確認しておこう。「評価」から，Excel形式でテストなど現在までの活動の得点表をダウンロードする。各回の初めの単語テストだけを調べて出席状況を見よう。この学生は欠席が多いな，他の活動も見てみよう。「活動レポート」を開いてと。他の問題もやっていないので欠席だな，メールで注意しておこう。

期末テスト終了後

　まずは今回のテストの出来はどうだろう。期末テストの結果をExcelフォーマットでダウンロードしよう。中間テストのものと加算しよう。評価から活動の得点表を引き落とし，欠席と平常点を算出しよう。

第7章 評価

　中間・期末テストの評価実況中継では，Moodle の評価機能をまだ全面的に使っていない教員のケースを取り上げました。

　Moodle を教授から評価まですべてに使っている場合と，限定的にテストの道具，課題提出の道具として段階的に使い始めている場合とがあるでしょう。

　筆者自身，すべてを Moodle で行うことには，まだためらいがあります。複雑なシステムは脆いところがあり，全面的に頼ると取り返しがつかない可能性もあるからです。したがって，重要なデータはときどき取り出し，保存するようにしています。

　しかし，Moodle の評価支援システムはよくできていますので，授業と評価の設計をうまくしておけば，学期末の事務仕事の慌ただしさを減らすことができるでしょう。

7.1 評価の流れ

大まかな評価にかかわる作業の流れを説明します。
① 中間・期末などの大きなテストを設定し実施します。
② Moodle の評価より引き落とした得点のリストと学校の名簿の整合をとり，Moodle のデータが学校の名簿の中で扱えるようにします。Moodle を全面的に使うか使わないかにかかわらず，この作業は必須です。
③ 各テストの結果や評定表をダウンロードし，各学生の出席状況や活動の記録を参考にして評定を与えます。

Moodle の中ですべての評価作業をする場合は，評定文字の付与にいたるまでの作業を終えてから，データを引き落とし整合をとります。

7.2 テスト問題設定

中間・期末テストの設定は，普段使う小テストモジュールなので変わったところはありません。いくつか注意点があるとすれば以下のものです。

① 問題ページの設定で 1 ページに何問表示するかを決めること。また，実施中に学生がどのボタンを押して次のページへ進むかを指示すること（誤って「すべてを送信して終了」を押してしまう学生もいる)。

② 全体の得点配分を適切に行うこと。また，学生に問題の配点について周知すること。

③ 復習問題の場合は，既成の問題を利用できるが，新たに設定する場合には問題作りから始めること。

7.3 成績管理，評価に Moodle を使わない場合

■ データの引き落とし

コーストップの管理メニューより「評定」をクリックすることで表示される評定画面から操作をします。初めに見えるのは「評定の表示」の画面です。必要ならば，個々の小テストの評点も各小テストの管理画面から引き落とすことができます。

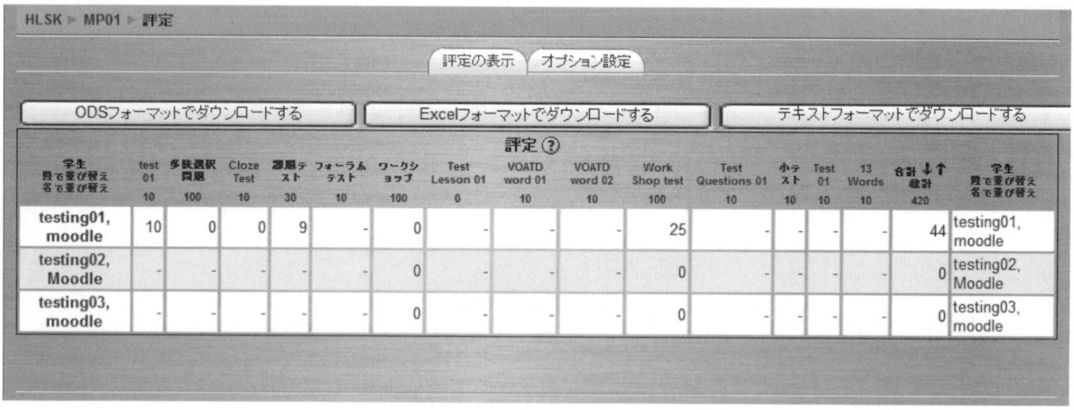

学生 姓で並び替え 名で並び替え	test 01	多肢選択問題	Cloze Test	課題テスト	フォーラムテスト	ワークショップ	Test Lesson 01	VOATD word 01	VOATD word 02	Work Shop test	Test Questions 01	小テスト	Test 01	13 Words	合計 ↓↑ 総計	学生 姓で並び替え 名で並び替え
	10	100	10	30	10	100	0	10	10	100	10	10	10	10	420	
testing01, moodle	10	0	0	9	-	0	-	-	-	25	-	-	-	-	44	testing01, moodle
testing02, Moodle	-	-	-	-	-	0	-	-	-	0	-	-	-	-	0	testing02, Moodle
testing03, moodle	-	-	-	-	-	0	-	-	-	0	-	-	-	-	0	testing03, moodle

図 7-1 「評定の表示」画面

図 7-1 を見ると，「**評定の表示**」と「**オプション設定**」の 2 つのタブがあり，その下にデータをダウンロードする形式を選ぶボタンが 3 つあるのが見えます。評定，すなわち成績表はその下に並んでいます。とりあえず成績表を引き落としたい場合は，ダウンロードボタンを押すと保存場所を聞い

てくるので，作業中のコンピュータの適当な場所に保存します。Excel形式での保存が無難でしょう。ダウンロードしたデータは，容易に加工できます。

■ データ管理

Moodleシステムの個人データの管理は，学習者の姓名を用いています。したがって，ソートしても学校で用いられる学生番号の順には並ばないので，管理がしにくいのです。

Moodleで，一意のデータとして扱われるのはメールアドレスです。学校で学生に発行するメールアドレスは，学生番号に基づいたものが多いでしょう。学生番号に基づいたものでなかった場合でも，教員であればメールアドレスのリストが入手できるでしょう。これを用いてMoodleから引き落とした評価表を操作し管理しやすいようにします。

ここから，評価表と学生氏名を整合させる方法を解説します。

引き落としたExcelのシートを加工し，メールアドレスより学生番号を抽出し，それをキーにVLOOKUP( )関数を利用し漢字氏名を検索・表示します。

まず，引き落としたシートを整理します。シートは，次の2枚で構成します。

- **引き落としたシート**（図7-2）

引き落としたシート名は文字化けしているので，適当に名前を変えます。各列の項目名は，A列：名，B列：姓，C列：IDナンバー，D列：所属組織，E列：部署，F列：メールアドレスとなっているので，**D列の項目名を氏名に変更，E列を削除**します。

- **名簿シート**（図7-3）

シートを追加し，A列：ID，B列：氏名，C列以降任意からなる学校の名簿を導入します。名前を適当なもの，たとえば，Namelistや2008studentsなどに直しておきます。

これより，引き落としたシートを加工します。もとのシートのC列に，=MID(E2,2,6)のような式を入力します。これは，メールアドレスの1文字目から6文字を取り出す式で，結果は**IDだけを取り出す**ことができます。この式は，メールアドレスの構成により適宜変えます。

さらに，D列に，=VLOOKUP(C2,名簿のシート名！$A $2: $B $44,2,FALSE)のような式を入力します。ここで，**$A $2: $B $44**は，データの入っている範囲です。これで，C列のIDをキーにして**名簿のシート**にある表を検索し氏名を表示することができます。

この作業が終わると，引き落としたデータシートに漢字氏名が挿入されています。

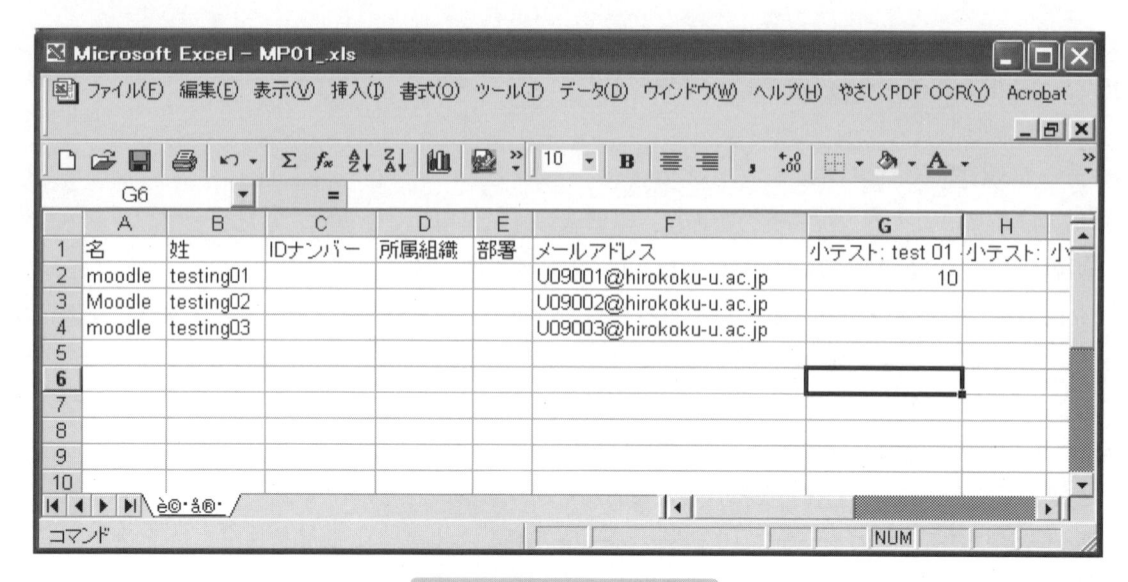

図7-2 引き落としたシート

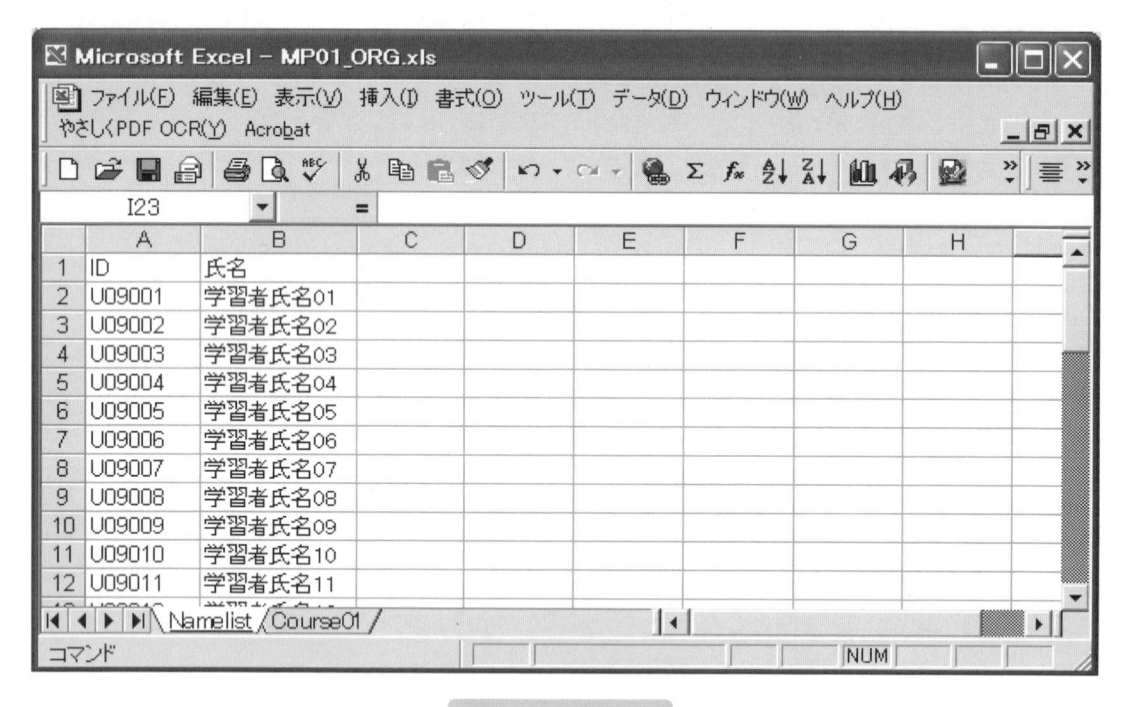

図7-3 名簿シート

第 7 章 評価

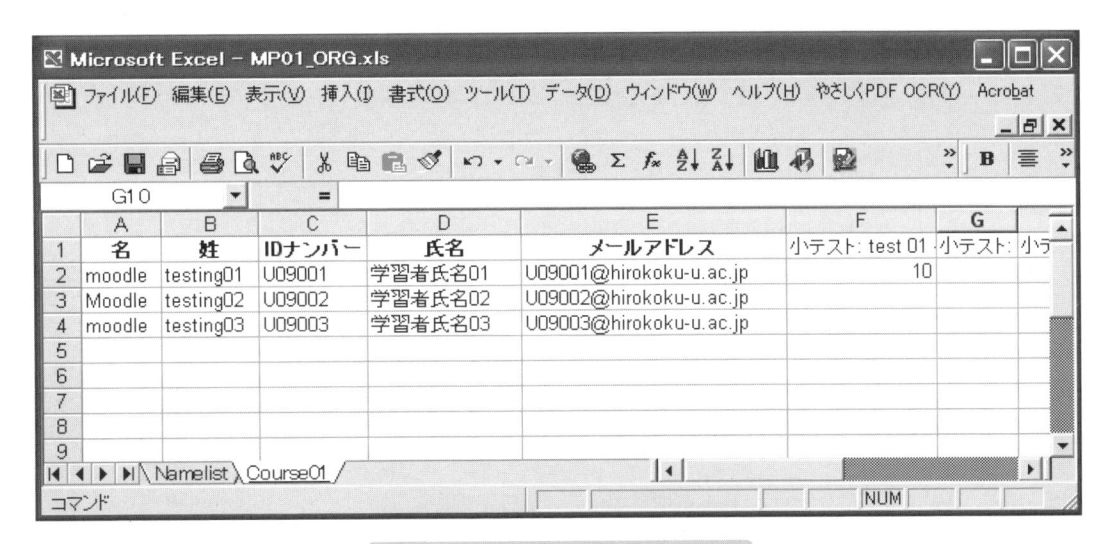

図 7-4 漢字氏名と ID の入った評価

7.4 出席管理

　Moodle には**出席管理モジュール**というものもあります。しかしこれを導入しても，教員が出席を確認し，それをコンピュータに記帳する援助機能を持つだけです。したがって，出席をとる時間は必要で，時間の短縮にはなりません。また，学生の携帯電話から出席を登録させる方法もあるようですが，技術倒れのような気がします。

■ 小テストを用いて

　名前を呼んで出席をとることにも学生とのコミュニケーションをとるという意味はありますが，そのためだけに貴重な時間を浪費することはできないと筆者は考えます。授業時間が始まった瞬間から学習の助けになり，同時に出席もとることができるのが，この方法です。

　小テストの内容は，単語テストでも前回の復習テストでも教授者の方針で適切なものを設定し，期日を指定します。初めの小テストの時間は授業開始から 15 分間（筆者の場合），受験回数の設定は 1 回限りとしておきます。学習者は，コンピュータを起動する時間を含め，授業開始から 10 分以上遅れると，初めの小テストを受験できなくなります。

　初めの小テストを受験しないと遅刻となるので，学習者は時刻通りに出席するようになります。学内の他の場所にあるコンピュータから受験することもできますが，活動履歴を見れば不審なデータは見分けがつきます。また，必要ならば受験にパスワードを設定し教室で伝達すれば不正はできません。

　必要な時期にコースの管理メニューにある「評価」から活動記録を引き出し，当該の小テストのみを集計すれば，出欠が確認できます。初めの小テストと授業終わり頃に行う別の小テストの両方を確認すればより確実になります。

■ 集計手順

評定を Excel 形式でダウンロードし，出欠席を集計する手順を説明します。

| 編集手順 | 評定をダウンロードする ➡ 出欠確認用テストのみを表示，他の項目を非表示にする |

15 回分程度であれば一目で確認できます。計数したい場合は，COUNTIF( ) のような関数を用います（ABS.xls（出欠席計算例 Excel ファイル）をダウンロードし，参照してください）。

■ 活動レポート

欠席が多い者については活動レポートを利用し，学習状況を確認しておくとよいでしょう。活動レポート（図 7-6）は，コースの学生の活動内容を表示します。活動レポートには学生の活動内容やアクセスログがあります。学生の名前をクリックすると表示される学生のプロフィールから閲覧します。

| 操作手順 | コーストップページ ➡ 参加者 ➡ 氏名をクリック ➡ 活動レポート |

必ずしもコーストップからたどる必要はありません。個人名のリンクが表示されている画面で，リンクをクリックすればいつでもプロフィールページへは到達できます。出欠のトラブルを避けるため，細部を確認する必要がある場合に使用します。

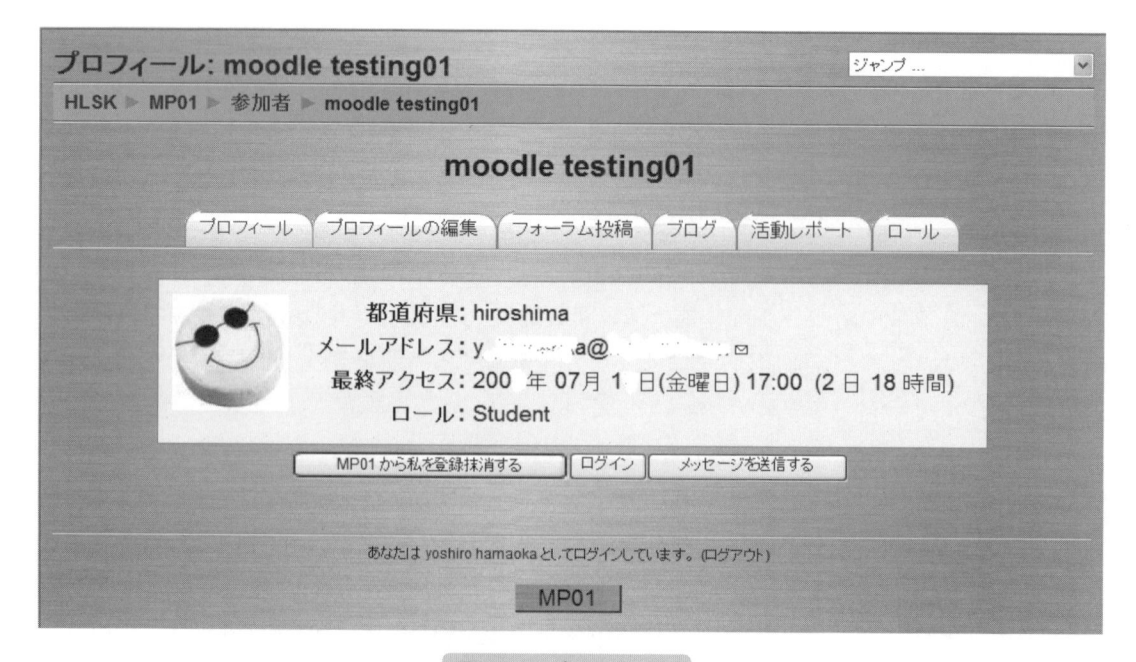

図 7-5　プロフィール

図7-6 活動レポート

7.5 成績管理をすべて Moodle で行う場合

筆者が Moodle を使い始めた当初は，大きなテストのみのデータを引き落とし，手書きのテストの点数を加え，さらに平常点も加えて…などとやっていましたが，その計算処理だけでかなりの時間を使うことになりました。Moodle ではそれぞれの活動に評点をつけることができます。また，評点をグループ分けし，各グループの評点が全体評点の中で占める割合を設定することもできます。これらを使うと，柔軟な評価ができます。活動や評価の設計を十分にすれば，満足のいく評価になるでしょう。

■「評定」の拡張機能

Moodle のみで成績評価までするには，細かい設定が必要です。「評定」で「拡張機能を表示する」をクリックすると，「**オプション設定**」，「**カテゴリの設定**」，「**加重の設定**」，「**評定文字の設定**」，「**例外設定**」のタブが現れ，詳細な設定ができます（図 7-7）。

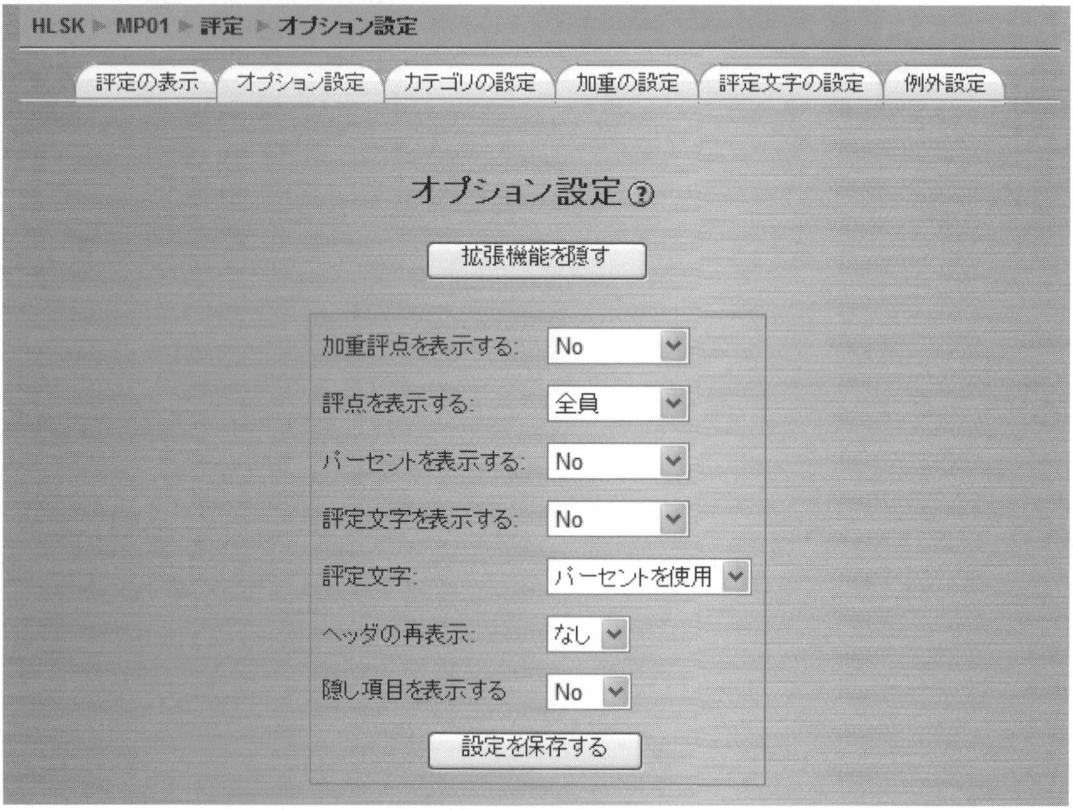

図 7-7 オプション設定画面

「**オプション設定**」では，表示する項目の設定，合計評点の計算方法の設定ができます。

「**カテゴリの設定**」では，評定項目が属するカテゴリの設定，「カーブ」（評点計算の基準点の変更）の設定，「エクストラクレジット」（その評定を評価項目から除外すること）の設定，またカテゴリの追加や削除もできます（図 7-8）。

図 7-8　カテゴリの設定

「**加重の設定**」は，少し複雑です。

図7-9では，クラス貢献度，テスト得点，課題提出の3つのカテゴリに加重を設定し，クラス貢献度に20％，課題提出に20％，テスト得点に60％の配分をしてあります。この例でクラス貢献度の評点は，カテゴリの合計得点をカテゴリの満点で割り，それに20をかけたものになります。20点分のなかでどれだけ努力したかが評点に現れます。

カテゴリから下位の評点を除外したり，カテゴリに追加点を与えたり，カテゴリを丸ごと評定表の表示および計算から隠すこともできます。これを使って評定のさじ加減ができます。

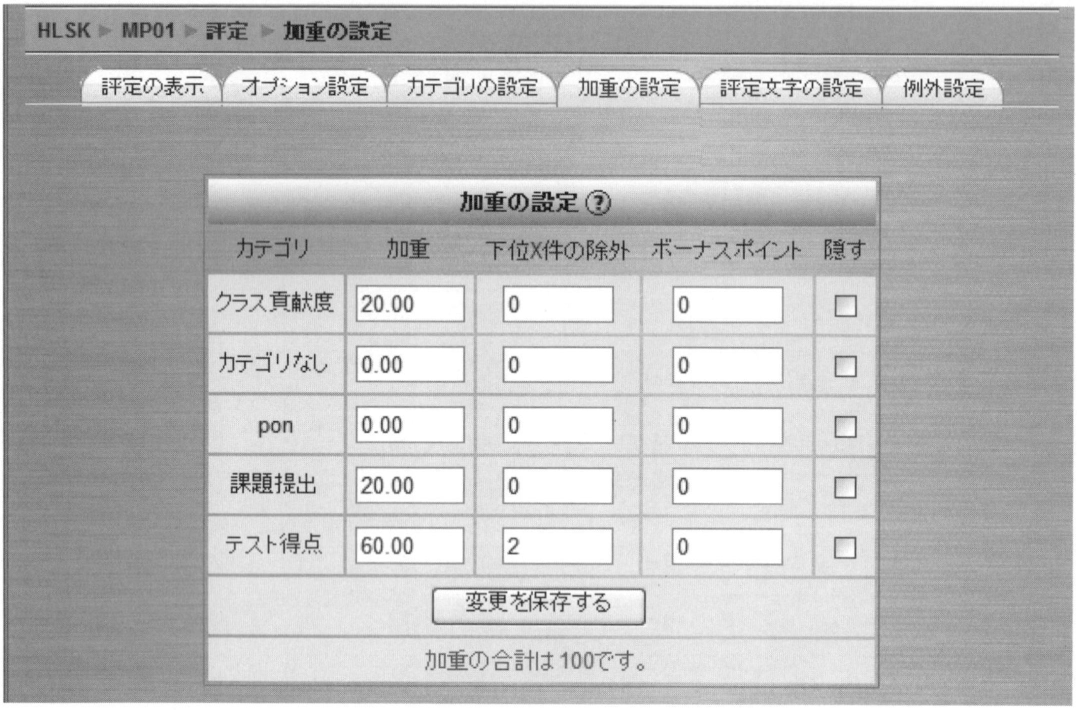

図7-9 加重の設定

図7-10を使って，もう少し詳しく説明します。ここではカテゴリを出席，定期テスト，授業参加度の3つにしています。加重は，出席が10％，定期テストが60％，授業参加度が30％で，合計で100％となるように割り当ててあります。

出席のカテゴリにある問題の評点の総計は，120となっているのが読み取れます。これは，このカテゴリの問題にすべて満点を取ると得られる評点です。

一番上の学習者は，評点が106.42と読み取れます。これは，この学習者が出席のカテゴリの問題を解いた結果得られた評点の総計です。

106.42 ÷ 120 ＝ 0.8868の結果が「パーセント」のところに％表示されています。このカテゴリの評点の何％を取ったかが示されます。

第7章　評価

学生 見で並び替え 名で並び替え	出席 集計(10.00%)			定期テスト 集計(60.00%)			授業参加度 集計(30.00%)			合計 集計			評定文字 ↓↑	学生 見で並び替え 名で並び替え
	評点 (120)	パーセント	加重%内訳	評点 (220)	パーセント	加重%内訳	評点 (330)	パーセント	加重%内訳	評点 (670) ↓↑	% ↓↑	加重% (100) ↓↑		
	106.42	88.68%	8.87%	142.8	64.91%	38.95%	232	70.3%	21.09%	481.22	71.82%	68.91%	4	
	118	98.33%	9.83%	146.3	66.5%	39.9%	214.73	65.07%	19.52%	479.03	71.5%	69.25%	4	
	81.45	67.88%	6.79%	178.4	81.09%	48.65%	155.97	47.26%	14.18%	415.82	62.06%	69.62%	3	
	100.85	84.04%	8.4%	110.6	50.27%	30.16%	182.86	55.41%	16.62%	394.31	58.85%	55.18%	2	

図7-10　加重つき評点の例

「加重%内訳」には，0.1（加重）× 0.8868（カテゴリ内評点達成度）＝ 0.08868 の結果が最終桁を切り上げられて%表示されています。

他のカテゴリも同様に計算され，合計の「%」にはすべての評点の達成度，合計の「加重%」にはすべての「加重%」の合計が示されます。

「評定文字」は，合計の「加重%」と事前に設定してある評定区切りに従って表示されます。

このように計算されるので，容易にすべての評定を 100 点法に換算できるようになっています。しかし，加重のかけ方を決める際には，いくつかのパターンを試し，学習者の実態と合うように調整する必要があります。

また，加重の設定でボーナスポイントを加えることができますが，あくまでもカテゴリの枠を超えない範囲での付加です。全学習者に 10 点を加算するというような計算はできません。評点と評定文字の換算得点の範囲が教務規定などで示され，その通りに評点を算出しなければならないときは，この Moodle の評定表をさらに Excel などで加工することになります。

評定表をダウンロードする際は，カテゴリ別の評点ではなく，すべての評点が時系列で並んだ表がダウンロードされるので，カテゴリ別の形式の表は得られません。ダウンロードした表からこの形に計算し直すには，かなりの時間がかかります。

カテゴリ別の表が必要な場合は，評定の表示にある表を表示画面からそのままコピーして Excel のシートに貼り付けます。

「**評定文字の設定**」では，評定点の区切りを示し，それぞれの幅に評定文字を設定することができます（図 7-11）。得点を，5 点法や，A〜F などに換算する換算表を設定します。これを用いると，学校指定の評定文字で，成績を評定文字の欄に表示できます。

「**例外設定**」では，学習者をある課題から除外するなどの特別の措置を行います。

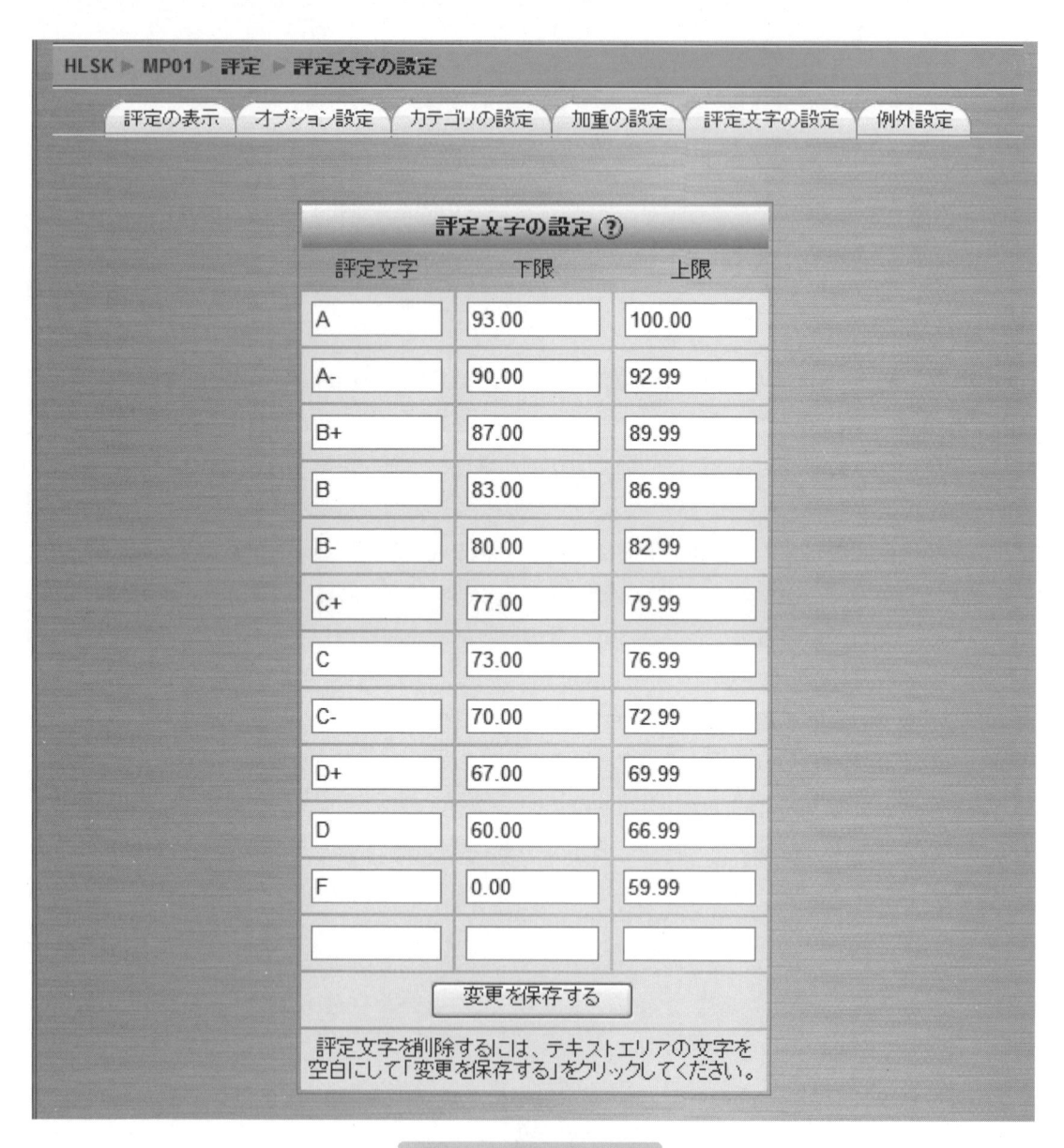

図 7-11　評定文字の設定

7.6 授業評価

　授業評価には，教材の評価，個々の活動の評価，毎時の評価，コースの授業全体の総合的評価などが考えられます。

　教材の評価，個々の活動の評価において，新しく取り入れた方法や教材について学習者の反応を見たい場合は，「投票」の機能を用いるとよいでしょう（55〜57ページを参照）。アンケートをとることができます。どの学習者がどの選択肢を選んだかも表示されるので，詳しく分析できます。

　毎時の評価は，日誌を用います。漫然と書かせるのではなく，いくつかの評価のポイントを与え，必ずそれぞれに記述するように指示をすれば的確な反応が得られます。

　総合的評価の場合は，解答状況の統計と学生の反応を勘案するとよいでしょう。小テストを参照し「受験結果」のタブをクリックすると，「概要」，「再評定」，「手動評定」，「アイテム分析」のリンクが現れます。「アイテム分析」へ行くと，その問題の「アイテム分析テーブル」が現れ，解答状況が参照できます（図7-12）。項目の詳細はヘルプを参照してください。なお，穴埋め問題（Cloze）では分析がなされません。

問題ID	問題テキスト	解答テキスト	部分点	解答数	解答% ↓	%正解ファシリティ	標準偏差	識別指数	判別係数
(9604)	VOATD_13_06 : VOATD_13_06	exciting: 興奮させる,刺激的な	(1.00)	20/38	(53%)	43 %	0.447	0.65	0.72
		include: 包含する,を含む,含有する,を含める,含む	(1.00)	19/38	(50%)				
		mountaintop: 山頂	(1.00)	19/38	(50%)				
		pollution: 公害,汚すこと,汚染,汚れ	(1.00)	15/38	(39%)				
		destruction: 破壊,撲滅,駆除,滅亡,絶滅,倒壊	(1.00)	13/38	(34%)				
		ozone: オゾン 酸素の同素体;trioxygenともいう オゾン層(〜 layer)	(1.00)	18/38	(47%)				

図7-12　アイテム分析

第 8 章　授業での使用法

　Moodle で，使用可能なリソースや活動を用いて授業を組み立てる方法を考えます。英語の教科を中心に解説します。

8.1　コンピュータ利用授業への導入教育

　学習者を，コンピュータと Moodle の操作に慣れさせることが必要です。
　これほどコンピュータが普及しても，大学に入りたての学生はそれほどコンピュータに慣れているとはいえません。また，学校で行うコンピュータリテラシーの訓練も始まっているかいないかの時期に，通常の授業は開講します。したがって，Moodle を使う教員はコンピュータの起動から終了まで，スムーズに一通りは教えられる技量を身に付けておく必要があります。
　40 〜 50 人程度の，操作技術の習熟度の違う学生に，コンピュータの操作から Moodle のログインまでを 30 分程度で教えるのは結構骨の折れるものです。しかし，それをしなければ授業が始まりません。
　コンピュータに慣れない学生に，コンピュータの起動，学内ネットへのログイン，学内データフォルダの取り扱い，Moodle への登録，氏名の入力の形式説明，パスワードの設定法と扱い，Moodle の取り扱い，Word，Excel の初歩的な取り扱いなどを指導しなくてはなりません。Moodle を使う教員は，コンピュータの初等インストラクターもできなくてはならないようです。

8.2 Listening

Listeningには，穴埋め問題（cloze）がよく用いられます。単語レベルの聞き取りのように考えられますが，前後の内容がわかっていないと正確に聞き取れないものです。また，解答方法が綴りを書かせるものであると，「Listening能力のテストではない」というような意見も聞かれますが，厳密な能力測定のためのテストではないので，問題はありません。

単語レベルの聞き取り，文脈内のキーワードの聞き取り，パラグラフ程度の聞き取りとQ&A，パッセージ程度の聞き取りとQ&Aなど，指導内容に合わせて，これらを組み合わせて使います。

また，ある発話に対応する発話を選択するという形式も，問題となる発話と応答となる発話の双方とも音声で提供できるので効果的です。発音の問題では，音声を聞いて同じか否かを判定する問題もできるので，効果的な発音の問題ができます。

8.3 Writing

Writingに利用可能と考えられる小テストの問題形式の中で，部分作文，並べ替え問題などは自動採点が可能ですが，自由英作文でオープンな解答は扱えません。「作文問題」や「課題」で，教師が個々の解答を採点することになります。しかし，画面を見ながらマウスの操作で採点，成績の記録までできるので時間の短縮になります。

同じ問題でも，ヒントや語句を付け足すことで難易度の調整ができるので，学習者の到達度により柔軟に対応できます。

8.4 Speaking

Listeningのところで述べた，ある発話に対応する発話を選択する形式は，Speakingでも利用できます。A, B, C, Dなどの音声のリンクを張ったボタンを並べておき，クリックさせて聞き取らせ，正しいものを解答させる形式です。

発話を打ち込む・選ぶなどの方式も考えられます。さらに，学習者が多い場合は音声の使用が難しいかも知れませんが，問題を音声で与え，学習者に解答を自分で録音させ，「ファイルのアップロード」で提出させることもできます。これは，個々の学生を面接するのと同じなので，それだけ採点に時間がかかります。

※ Readingについては，e-learning実況中継の12〜15ページを参考にしてください。

8.5 その他の教科

■ スタディスキル

　スタディスキルには，コンピュータの用法，Webの情報検索などが含まれていることが多く，Moodleが本領を発揮するところです。また，日本語の理解，漢字演習などを含むこともあります。筆者は，担当のスタディスキルの授業を，次のように組み立てています。
　① 授業の出席の代わりに，漢字の読み取り，書き取りを行う。
　② 当日のスキルの目的に沿った，テキストやWebサイトを提示する。
　③ 必要であれば，WordやExcelを起動して作業をさせる。
　④ 最後に，まとめの小テストを行い，日誌を書かせて終了する。
　このように，学習者自身が行動しなければならない場面を設定することで，単調になりがちな講義形式の授業も，活動的なものになります。

■ コンピュータリテラシー

　Moodleなどのe-learningシステムで授業が行われることになると，どうしてもコンピュータを使用することになるので，コンピュータの使い方に関する訓練はほとんど不要となると思われます。

■ 日本語（読み書き）

　漢字の読みの問題は，比較的容易に作成できます。漢字の書き取りは，日本語変換機能があり候補の漢字が示されるので，書き取りとしての意味が薄いのですが，1つの読みに多くの漢字が対応する場合には，文脈上の意味を学習させる形で使用可能でしょう。次に，原稿と問題を示しておきます。図8-1は日本語穴埋め問題の原稿，図8-2はできた穴埋め問題です。

```
誤字脱字の頻度 {:SHORTANSWER:~= ひんど } を調べる。
手続きが煩瑣 {:SHORTANSWER:~= はんさ } でわずらわしい。
パンフレットを頒布 {:SHORTANSWER:~= はんぷ } する。
```

図8-1　原稿

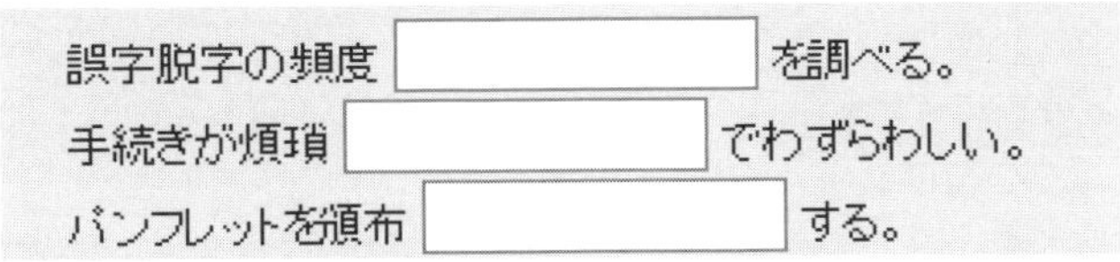

図8-2　漢字の読み問題

■ 数学計算

Moodle には，**TeX**[注]で数式表示する機能がありますので，サーバでの設定をしておけば，高等数学や統計の授業でも使用できます。「計算問題」を使うと，容易に問題を設定できます。

たとえば，$\$\$\backslash\text{sqrt}\{(a+b)\}\ \$\$$ のように数式を $\$\$$ で囲むことで，その数式が TeX で描画した画像に変換され，表示されます。利用するには，ヘルプで設定方法を確認します。Moodle のサーバに，TeX のソフトウェア一式と画像処理のために **Ghostscript** か **ImageMagick** というプログラムが導入されていることが必要です。図8-3 のような行列も Moodle の中で表示できます。

$$A = \begin{pmatrix} a_{11} & \cdots & a_{1n} \\ \vdots & \ddots & \vdots \\ a_{m1} & \cdots & a_{mn} \end{pmatrix}$$

図8-3　行列も表示できる

■ 探索型学習

Moodle は，インターネットとシームレスに協働するので，学生が自立的に情報を探索し学習を進める形式の授業には，きわめて有効です。

Yahoo!，Fact Monster，NASA，National Geographic，MEDLINE & PubMed，British Council - LearnEnglish など，学習到達度や専攻にあわせて組み立てることができます。

(注) TeX とは，一般のワードプロセッサでは表示が難しい数学式，化学式などを比較的容易に表示できる組版処理ソフトウェアです。

図8-4は，英語で表示されるYahoo!のサイトから指示文に従って情報を読み取り，解答を進める方式の例です。指示文を英語にすれば，さらに難易度は上がります。

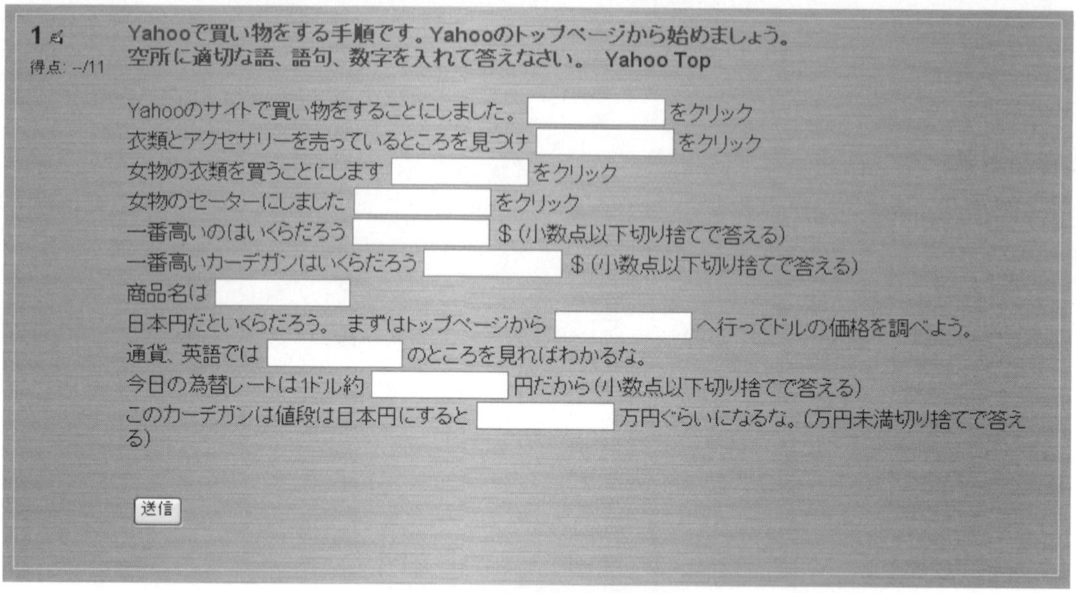

```
1.  Yahooで買い物をする手順です。Yahooのトップページから始めましょう。
得点: --/11   空所に適切な語、語句、数字を入れて答えなさい。  Yahoo Top

Yahooのサイトで買い物をすることにしました。[      ]をクリック
衣類とアクセサリーを売っているところを見つけ[      ]をクリック
女物の衣類を買うことにします[      ]をクリック
女物のセーターにしました[      ]をクリック
一番高いのはいくらだろう[      ]$(小数点以下切り捨てで答える)
一番高いカーデガンはいくらだろう[      ]$(小数点以下切り捨てで答える)
商品名は[      ]
日本円だといくらだろう。まずはトップページから[      ]へ行ってドルの価格を調べよう。
通貨、英語では[      ]のところを見ればわかるな。
今日の為替レートは1ドル約[      ]円だから(小数点以下切り捨てで答える)
このカーデガンは値段は日本円にすると[      ]万円ぐらいになるな。(万円未満切り捨てで答える)

[送信]
```

図8-4　探索型学習課題

付録　小テストが終わっても採点結果がでない場合の対処法

　小テストに制限時間あるいは終了時間を設け，学習者が制限時間内，または終了時間内に「すべてを送信して終了」ボタンを押さなかった場合，データは採点されません。教授者の操作で，直接，強制的に送信してしまうことはできないようです。苦肉の策ですが，2 つの方法をとることができます。人数が少ない場合は❶の方法を，多い場合は❷の方法をとるとよいでしょう。

※　共通部分
　問題の時間設定を解除します。
① 当該問題をクリックし，「この小テストを更新する」ボタンをクリック
② 「終了日時」の右端の NO にチェックを入れ，ページ一番下の「変更を保存する」をクリック

❶　人数が少ない場合
① 当該小テストの受験結果のタブをクリックして表示
② 「未了」表示のある「学習者の名前」をクリックし，プロフィールを表示
③ プロフィール下にある「ログイン」ボタンをクリックし，学習者としてログイン
④ 学習者として当該テストをクリックし，「最後の受験を続ける」ボタンをクリックし，受験を続ける
⑤ ページ最下部にある「すべてを送信して終了」ボタンをクリックし，テストを終了させる
⑥ 右上部には，たとえば「Yoshiro Hamaoka（教師）は Yuriko Honda（学生）としてログインしています」と表示されているので，教師は Yoshiro Hamaoka をクリックして，元に戻る
　これで，受験結果を参照すれば採点結果が表示されるようになります。この操作を人数分繰り返すことになります。

❷　人数が多い場合
① 期限を解除した後，当該学習者に再度問題をクリックさせ，「最後の受験を続ける」ボタンをクリックし，受験を続けさせる
② ページ最下部にある「すべてを送信して終了」ボタンをクリックし，テストを終了させる

終わりに

　3年ほどMoodleを使ってきていますが，まだまだ十分に使いこなせていないと感じています。しかし，もはやMoodleなしの授業は考えられません。時間の有効利用，講義のみでなく学習活動の組み込みなど，学習者中心の授業の組み立てには欠かせません。

　ほとんどの学習者は初めてのコンピュータ利用の学習方式に目を輝かせていますが，なかには，紙と鉛筆，そして教科書のような手触りのなさについていけない者もいます。できるだけ，従来の媒体との組み合わせを心がけるとよいと思います。

　一方，教員には欲求不満がたまる場合があります。貧乏性なもので，自分が話していないと満足しない，働いた気がしないと思うところがあり，学習者の学習状況を見て支えていくというやり方にはなじめないところがあります。実際には準備段階で通常の授業準備よりもはるかに多くの時間をかけているにも関わらず，もやもやした気分になります。

　いずれにせよ，教育とは人から人へ伝えるものです。Moodleを使おうと使うまいと，学習者との関係を良好に保ち，よい教育を目指したいものです。

索 引

【C】
CSV *40*

【E】
e-learning *17*

【G】
GIFT 形式 *108*
GUI *21*

【H】
Hot Potatoes *33*

【I】
IMS *32*

【L】
LAMS *34*
LAN *17*
LMS *17*

【M】
MCbase.doc *112*
Moodle *19*
mp3 .... *102*

【O】
OCR *101*

【Q】
Question bank *120, 129*
Questions in this quiz *130*

【S】
SCORM/AICC *34*

【U】
URL *103*
UTF-8 .... *110*

【V】
VOA *15*

【W】
WAV *102*
Web ページの作成 *27*

【あ】
アイコン *70*
アイテム分析 *149*
アカウント *78, 86*
穴埋め問題（Cloze）............ *107*

【い】
一括でユーザを登録する *81*
インポート *91, 110*

【お】
音声にリンク ………………… 123
音声をデジタル化 …………… 67

【か】
改ページ ……………………… 130
学生の登録 …………………… 84
加重 …………………………… 146
画像にリンク ………………… 125
課題 …………………………… 60
活動 …………………………… 32
活動レポート ………………… 142
カテゴリ …………………… 110, 131

【く】
組み合わせ問題 ……………… 114

【こ】
コースカテゴリ ……………… 84
コース管理 …………………… 89
コースフォーマット ………… 84

【し】
授業の分類 …………………… 23
授業評価 ……………………… 149
出席管理 ……………………… 141
小テスト …………………… 50, 127

【す】
スキャナ ……………………… 101
スペリング問題 ……………… 118

【た】
タグ …………………………… 21
探索型学習 …………………… 153

【ち】
チャット ……………………… 36
調査 …………………………… 63

【て】
ディレクトリの表示 ………… 29
テキストエディタ …………… 119
テキストページの作成 ……… 25
テキストをデジタル化 ……… 68
デジタル録音 ………………… 103
データ管理 …………………… 139
データサーバ ………………… 65
データの引き落とし ………… 138
データベース ………………… 38

【と】
投票 …………………………… 55
登録に関するトラブル ……… 87

【に】
日誌 …………………………… 58

【な】
並び替えツール ……………… 130

【ひ】
評価 …………………………… 137

「評定」の拡張機能 ………… *144*
評定文字 ……………… *148*

【ふ】
フォーラム …………… *41*

【へ】
ヘルプの見方 ……………… *69*
編集に使う記号 ……………… *109*
編集に使う記号が問題内に混入
　するとエラーになる ……… *107*
編集モード ……………… *93*

【も】
問題エディタ ……………… *106*

【よ】
用語集 ………………… *59*

【ら】
ラベルの挿入 ……………… *25*

【り】
リソース ……………… *24, 134*
リンク ………………… *28*

【れ】
レッスン ……………… *44*

【ろ】
ロール ………………… *80*

【わ】
ワークショップ ……………… *46*

【著者紹介】

濱岡 美郎（はまおか よしろう）
1950年生
広島国際大学国際交流センター教授
日本初の本格的PCであるPC8001発売(1979)以前よりコンピュータの教育利用の研究を始めた。以後，英文データベース，語彙研究，教育用プログラムの開発などハード，ソフトともに研究を続けてきている。前任校ではLANシステムを自力で構築し，インターネットを利用した教育を行った。2004年現任校へ赴任以来，Moodleを導入し，蓄積してきたノウハウや教育資源を用いて運用している。

本書の内容に関するご質問やご意見は
著者のウェブサイトにて承ります。
120ページをご覧ください。
弊社への直接のお問い合わせには
お答えできませんので
あらかじめご了承ください。

ISBN978-4-303-73479-4

Moodleを使って授業する！ なるほど簡単マニュアル

2008年9月15日　初版発行　　　　　　　　　　　　　© Y.HAMAOKA 2008
2009年2月20日　2版発行

著　者　濱岡美郎　　　　　　　　　　　　　　　　　　検印省略
発行者　岡田吉弘
発行所　海文堂出版株式会社
　　　　本　社　東京都文京区水道2-5-4（〒112-0005）
　　　　　　　　電話 03(3815)3292　FAX 03(3815)3953
　　　　　　　　http://www.kaibundo.jp/
　　　　支　社　神戸市中央区元町通3-5-10（〒650-0022）
　　　　　　　　電話 078(331)2664
日本書籍出版協会会員・工学書協会会員・自然科学書協会会員

PRINTED IN JAPAN　　　　　　　　　印刷　田口整版／製本　小野寺製本

本書の無断複写は，著作権法上での例外を除き，禁じられています。本書は，(株)日本著作出版権管理システム（JCLS）への委託出版物です。本書を複写される場合は，そのつど事前にJCLS（電話03-3817-5670）を通して当社の許諾を得てください。